LIBRE

*Tener fe y no morir
en el intento*

248.4
C4311 Chacón, José Pablo
        Libre: Tener fe y no morir en el intento / José Pablo
Chacón. – 1 ed. – San José, CR : E-Digital ED, 2019.
        164 p. : ; 22 X 14 cm.

        ISBN: 978-9930-9682-3-9

        1. Vida Cristiana. 2. Fe. I. Título

Hecho en Costa Rica

Julio, 2019

A mi profesor Juan Stam,
por enseñarme,
entre cientos de tazas de café,
a pensar en libertad.

Introducción

Hace cerca de 16 años, en la biblioteca del seminario, preparaba un ensayo para la clase que dictaba en Costa Rica el Dr. Harry Hoffner, entonces profesor del Instituto de Estudios Orientales de la Universidad de Chicago. Él enseñaba acerca del libro del Éxodo y su relación con la cultura y las leyes hititas. Aquella mañana, en la biblioteca del seminario, hice mi propio descubrimiento del Decálogo. Había leído los Diez Mandamientos en muchas ocasiones, sin embargo, aquella vez mi lectura se detuvo en un detalle, Yahvé se presentaba con una consigna: "Yo soy Yahvé tu Dios, que te *liberó* del país de Egipto, de la casa de servidumbre" (Éxodo 20:2; Deuteronomio 5:6). Dios promulga los Diez Mandamientos en clave de liberación. Seguidamente Dios profiere su primer deseo en cuatro verbos que llevan el modo imperativo: No tendrás, no te harás, no te inclinarás, ni las honrarás. El primer anhelo de Dios expresa la actitud que esperaba de su pueblo en respuesta a su acción liberadora. Tal anhelo se promulga en clave de adoración.

De esta forma podemos ver claramente en qué consiste el pacto que se establece entre Yahvé y su pueblo: El Decálogo es un pacto de Liberación-Adoración. Yahvé firma el contrato, su rúbrica es la palabra *liberación* y el pueblo sella la alianza firmando con la palabra *adoración*.

De aquel descubrimiento íntimo y personal de hace 16 años nació mi primer libro llamado *"El Decálogo, un canto de adoración"*. En ese estudio pretendí acercarme al Decálogo para interpretarlo en clave de libertad.

Ahora quiero presentar en este nuevo libro una versión concisa y actualizada de mi comentario al Decálogo. Dios ha tomado la iniciativa de liberarnos. Pero esas libertades siguen siendo sinuosas, oscuras y parecen ocultarse bajo una gruesa pátina de legalismos y fundamentalismos que impiden la concreción de la experiencia liberadora. Los derechos de las mujeres, de las personas LGBTI, de las personas con discapacidad, de los niños, niñas y adolescentes; las libertades de comunidades y colectivos históricamente oprimidos, aún siguen siendo una tarea pendiente para la iglesia.

La iglesia también se encuentra inmersa en los desafíos que surgen de la revolución tecnológica que está en curso. Los algoritmos de macrodatos que empiezan a permear la forma de vender, la forma de hacer política, la manera en que decidimos por quién votar en las elecciones presidenciales, empiezan a condicionar la toma de casi cualquier decisión personal. Estos algoritmos de macrodatos y el desarrollo de inteligencia artificial (IA) podrían estar socavando la idea de libertad individual.

En la primera parte de este libro reflexiono sobre el reto que nos deja Jesús para ser libres y la pregunta más importante que nos hace Él para mentenerse firme. La segunda parte se trata de mi vida, mi familia y mi iglesia y de cómo he encontrado la libertad. Finalmente, en la tercera parte, abordo los Diez Mandamientos como paradigma para reflexionar la libertad.

Cristo nos libertó para que vivamos en libertad. Por lo tanto, manténganse firmes y no se sometan nuevamente al yugo de esclavitud (Gálatas 5:1 NVI).

José Chacón

4 de febrero del 2019

El diálogo interreligioso es una herramienta indispensable para promover la paz y la seguridad en el mundo. José Chacón tiene una voz profética en medio de este mundo urgido de libertad.

Imam Bukuru Elie Khalfan de Burundi

Presidente de la Alianza de Imanes
del Corredor Norte para el Desarrollo Humanitario.

———————————

Saludo esta obra y a su autor, un hombre que sabe dialogar con las religiones, que sabe respetar a los diferentes con sus diferencias, pero que hace de la Torah un pilar indiscutible en su vida.

Rabino Guershon Kwasniewski

Rabino Guershon Kwasniewski, Sociedade Israelita Brasileira
de Cultura e Beneficência de Porto Alegre, Coordinador
del Grupo de Diálogo Inter-religioso de Porto Alegre.
Co-fundador de la World Union for Progressive Judaism Latin America,
miembro del Central Conference of American Rabbis.

ÍNDICE

PRIMERA PARTE

La riesgosa aventura de la libertad

¿Cómo vencer el miedo y la falta de fe?

JUNTOS, SIN MÁS

Las iglesias han cerrado sus puertas. No por falta de feligresía ni porque dejaron de reunirse cada domingo, sino porque han pretendido poner una frontera entre los de *afuera* y los de *adentro*. Es una gruesa barrera que separa y clasifica a las personas. ¿Pero cómo es que una institución que fue pensada para abrir los brazos y dar la bienvenida, asuma una posición de brazos cruzados y ceños fruncidos?

En su defensa muchos de los líderes de ceños fruncidos dirán que sus iglesias están abiertas a todas las personas, en algunos casos hasta podrían afirmar que no tienen ningún problema con recibir personas LGBTI, por poner un ejemplo. Sin embargo, lo más probable es que asuman una posición del estilo "recibimos, pero no aprobamos". Es decir: todas las personas pueden asistir a sus iglesias, incluso todas las ofrendas de dinero son aprobadas y recibidas, pero las ofrendas de tiempo y servicio son evidentemente limitadas. La integración de pleno derecho no siempre es ofrecida por igual. La libertad de conciencia es vulnerada de continuo y la intimidad de las personas severamente lacerada. Es urgente recordar en voz alta la gran pregunta paulina *"¿Por qué se ha de juzgar mi libertad de acuerdo con la conciencia ajena?"* (1ª Corintios 10:29 NVI[1]).

Jean-Pierre Bagot, en su introducción al libro "Diálogo sin término" menciona que antaño, en la Iglesia Católica, los candidatos al sacerdocio recibían un primer oficio luego de la admisión a la clericatura. Este primer oficio era el de *portero* de la iglesia. Existía un rito de recepción del oficio de *portero*. El candidato era conducido a la puerta principal de la iglesia, sonaba una pequeña campana y abría y cerraba la puerta. Algo similar ocurre en el rito anglicano. El último ejemplo lo tenemos en el acto de "entronización" del otrora ejecutivo petrolero y obispo de Durham, Justin Welby, que fue nombrado Arzobispo de Canterbury el 21 de marzo del 2013. El reverendo Robert Willis, decano de la catedral de Canterbury, dio lectura a una carta de Su Majestad la Reina Isabel II, jefa suprema de la Iglesia de Inglaterra, que le da autorización para recibir al nuevo arzobispo en la Puerta Oeste de la iglesia. El arzobispo, que está por fuera, llama a la puerta del oeste tres veces con su bastón pastoral y el decano, que está dentro, la abre.

Abrir o cerrar las puertas de la iglesia es un acto de decisión pastoral. El primer oficio de los líderes de la iglesia debe ser concebido como el del *portero* de la iglesia. Jean-Pierre Bagot continúa refiriendo lo que sucedió cuando un obispo católico recordó lo que había sido desde el inicio, solo un *portero* de la iglesia. Se refería a Jacques Gaillot, antiguo obispo de Évreux en

---

1   NVI: Nueva Versión Internacional de la Biblia; esta es la versión que se utiliza a través de todo el libro, excepto que se indique otra versión.

Francia. Gaillot se pasaba abriendo puertas, quería que entrara la luz y que con ella que entraran muchas personas. Por eso en 1995 le fue retirado su cargo pastoral en Francia y fue trasladado forzosamente a Partenia, Argelia, en pleno desierto del Sahara.

Monseñor Galliot había asumido muy seriamente su oficio de *portero,* abriendo las puertas de la iglesia con su trabajo en favor de diversas causas sociales, como el uso de preservativos frente al SIDA, el matrimonio de sacerdotes, los derechos de las mujeres y los homosexuales.

En contraste, la jerarquía de la Iglesia Católica, en su rol de *porteros* superiores, han decidido mantener entrecerradas las puertas y las ventanas. Lo mismo podemos decir de innumerables líderes y pastores evangélicos.

Hay pastores de puertas cerradas que han creído que la iglesia debe ser una reunión de los "sin mancha". Hay pastores de puertas entreabiertas que, con su discurso, dicen admitir a todas las personas, pero en la práctica tienen sus reservas, sus exclusiones solapadas. Hay pastores de puertas abiertas, sin más. Como Jesús cuando decía "vengan a mí todos los cansados y yo los haré descansar" (Mateo 11:28). Todos los cansados decía, sin distinción alguna, no hay duplas de palabras como cansados-santos o cansados-puros, Jesús solo dice cansados, sin más. O cuando dice que nadie separe a nadie, que todos estén juntos sin distinción alguna hasta el fin de los tiempos. "Dejen que crezcan juntos hasta la cosecha" (Mateo 13:30). Juntos, sin más.

TRANSEAMUS CONTRA

Transeamus contra, expresión latina que significa: pasemos a la otra orilla. Es el imperativo con el que Jesús reta a sus discípulos (Marcos 4:35). En aquella ocasión Jesús acababa de enseñar por medio de parábolas. Había tal cantidad de personas que intentaban escuchar, que Jesús y los discípulos decidieron subirse a una barca para hablar con libertad (Marcos 4:1). Al acabar su mensaje Jesús se dirigió a sus compañeros alertándoles que debían pasar "a la otra orilla" del mar para ir a la Galilea no judía. Esa travesía tomaría varias horas. Ya en ruta los sorprendió una tormenta, pero Jesús estaba dormido. Hubo desesperación y vociferaciones entre los compañeros de Jesús, creyeron que todo estaba perdido, pensaron que iban a morir. Hubo enojo contra el Maestro que dormía en medio del peligro. Cuando por fin lograron despertar a Jesús, este calmó la tormenta dándole unas cuantas órdenes a la tempestad, luego se giró e hizo una pregunta crucial a los discípulos: «*¿Por qué tienen miedo? ¿Todavía no tienen fe?*». (Marcos 4:39). Un reto imperativo: *¡Pasemos a la otra orilla!* y una pregunta acuciante: *¿Por qué tienen miedo?*

UN RETO IMPERATIVO:
¡PASEMOS A LA OTRA ORILLA!

Si en la sección anterior hablamos del reto pastoral
en los términos del oficio de *portero* de la iglesia, ahora
podemos plantear el reto pastoral en términos de *líder
de la barca*. Esa barca debe pasar a la otra orilla. Pero
para lograr eso la iglesia debe asumir con valentía la travesía hacia esa *la otra orilla*. Ir al otro margen, al otro
extremo, al otro lado no solo significa otro lugar, otra
tierra, significa otro enfoque, otro método, otra gente y
otro paradigma.

Notemos que el episodio de la tormenta es el inicio o la inauguración de un nuevo paradigma. Este es el
primer milagro de Jesús que opera sobre la naturaleza.
También debe entenderse como el cambio que abre las
puertas de la salvación al mundo más allá del pequeño
pueblo israelita. Esto supone un gran cambio, esa otra
orilla está llena de todo lo que no es israelita, todo lo
considerado impuro, lo que no ha sido concebido como
merecedor del pacto. Más allá están los gentiles, más
allá está una gran diversidad humana que, hasta ahora,
ha permanecido ajena al mensaje de Jesús. Pero es justamente hacia esa otra orilla a la que se dirige Jesús con
sus compañeros de viaje, con esa nueva familia que está
construyendo y que ahora se empeña en capacitar para la
adopción de nuevos miembros, abrazando la diversidad
humana en la familia cristiana.

El cambio de enfoque es absoluto y radical. La frase que sigue al imperativo *¡Transeamus contra!*, establece un rompimiento hacia algo totalmente nuevo: *"Así
que dejaron a la gente y salieron"* (Marcos 4:36). Es

un estilo similar al que encontramos en Génesis cuando surge la primera pareja: *"Dejará a padre y madre y se unirá..."* (Génesis 2:24), estableciéndose un nuevo inicio y una nueva sociedad, uniendo dos personas completamente distintas para formar una unidad en el caso de Génesis, y uniendo a todas esas personas tan diversas de "la otra orilla", para formar una unidad nueva, abierta a la promesa de salvación en el caso que nos relata el evangelista Marcos.

Tanto la idea de la pastoral estilo *portero,* como de la pastoral estilo *líder de la barca,* coinciden con la función de Moisés al dirigir a los hebreos luego de ser liberados de Egipto y al recibir los Diez Mandamientos al pie del monte Sinaí. Los Diez Mandamientos también establecen un antes y un después, unas cortapisas, un cambio de paradigma, una nueva sociedad y un nuevo destino. Lo que se ve hacia atrás del Sinaí y de la entrega de los Diez Mandamientos es esclavitud, lo que se ve desde el Sinaí hacia delante es libertad. Pero para que esa libertad sea cada vez más plena, al pueblo hebreo, así como a los discípulos de Jesús en la barca y a la iglesia hoy, les espera una larga travesía que incluye tormentas; los primeros por el desierto, los segundos por el mar y a nosotros por los retos del Siglo XXI.

UNA PREGUNTA ACUCIANTE: ¿POR QUÉ TIENEN MIEDO?

Ante el reto de salir de Egipto –en el caso de los hebreos–, pasar a la otra orilla –en el caso de los discípulos de Jesús–, o abrir las puertas de la iglesia –en el siglo XXI–, ha habido una respuesta común: el miedo.

Los hebreos tuvieron miedo de salir de Egipto e incluso quisieron regresar más de una vez. (Éxodo 16:3) ¡Regresar a la esclavitud!, los discípulos tuvieron temor en su travesía hacia *la otra orilla* e, incluso, increparon a Jesús, como si este se hubiera equivocado en la decisión diciendo: *"¿No te importa que nos ahoguemos?"* (Marcos 4:38). Más sorprendente aún es el miedo que expresaron al ver el poder de Jesús que calmó la tempestad, y que reafirmaba su decisión de pasar a *la otra orilla* con ellos: *"Los discípulos estaban completamente aterrados"* (Marcos 4:41). La Iglesia del siglo XXI está aterrada, atemorizada, casi siempre su respuesta es el miedo. Ese miedo la impulsa, como a los hebreos, a querer regresar al paradigma anterior, aunque esto suponga la esclavitud del legalismo y del fundamentalismo. Ese miedo también les genera el enojo de los discípulos de Jesús en la tormenta profiriendo frases apocalípticas del tipo *"¿No te importa que nos ahoguemos?"* (Marcos 4:38).

Ante ese pánico eclesiástico, ese regreso a paradigmas anteriores o a aferrarse a ideas de un conservadurismo alarmante, la iglesia temerosa ha optado por la búsqueda del poder político. Es su manera de echar el ancla para no pasar a *la otra orilla*, quedándose anquilosada en las ideas de control de la moral de la sociedad. El énfasis en el control es, como se sabe, un signo de debilidad. Quien quiere controlar todos los actos de su pareja es una persona débil y llena de temor. Cuando la iglesia ansía el control de la sociedad expresa su más hondo temor y su más vergonzosa debilidad.

Para Jesús la pregunta es verdaderamente importante: *"¿Por qué tienen miedo?"* (Marcos 4:40) y, como si fuera poco, la complementa con un segundo cuestionamiento: *"¿Todavía no tienen fe?"* (Marcos 4:40). Los cobardes (en griego: *deiloi*) aparecen en la tabla de Apocalipsis 21:8 como aquellos que rechazan la *Gracia del Evangelio* y tanto Marcos 4:40 como Apocalipsis 21:8 relacionan la cobardía con la falta de fe. Por eso siempre que hay *deiloi* (cobardes) también hay *apistoi* (en griego: carentes de fe).

Por supuesto, todo hubiera sido mucho más fácil si Jesús no hubiera estado dormido durante la tormenta. Pero estaba dormido y ellos no podían sentarse tranquilamente a su alrededor para tomar una cena y escuchar una linda parábola de su Maestro (en griego: *Didaskale;* la primera vez que los discípulos le llaman así es durante la tormenta, en Marcos 4:38). Tal parece que le gusta hacer una siesta en los momentos menos indicados, como durante los días posteriores a su crucifixión, en los que "dormía" mientras sus discípulos debían vérselas solos para sobrevivir y resolver la situación. En esa ocasión también hubo miedo y falta de fe. Tampoco podían ya irse al monte y sentarse en círculo para aprender la lección del día. Es como si Jesús lo hiciera a propósito, procurando adiestrar a los suyos para una gran misión en la que deberán saber tomar decisiones por sí mismos y confiar.

La iglesia del siglo XXI lo tendría mucho más fácil si Jesús se encargara de todo. Pero no es así. Jesús ha delegado en su Iglesia la responsabilidad de pasar al otro lado, allá donde están los que no son de la iglesia, o los que, siendo creyentes, están fuera de ella porque se les han cerrado las puertas. Allá, del otro lado, están las feministas, las personas LGBTI, los políticamente incorrectos, los progresistas, los inmigrantes, los musulmanes, los que luchan por los derechos de las minorías, los que abogan por la legalización del aborto. Todos ellos, creyentes o no creyentes, se encuentran del otro lado, allá donde Jesús ha enviado a la iglesia, no para atacarlos ni para juzgarlos, sino para abrirles las puertas y acogerlos con toda su particularidad y diversidad.

La iglesia tiene miedo. Está asustada y ha perdido la fe. Esto sucede, respondiendo a la pregunta de Jesús (¿Por qué tienen miedo?), porque ha perdido la noción de lo que significa ser iglesia y ha asumido responsabilidades que no le han sido delegadas. También sucede porque la iglesia se ha empeñado en desatender todas esas cuestiones que le suenan a *la otra orilla*. Los lectores de Marcos sabemos que allá, al otro lado del mar de Galilea, nos espera un loco. A ese loco los judíos le llamaban *el endemoniado*. Ni se le conoce por su nombre propio, parece que es mejor ignorar que conocer. Y en esa ignorancia se cultivan los temores más insólitos y crecen los mitos más escabrosos. Que si Dios enviará calamidades al país por culpa de los homosexuales, que si las feministas odian a los hombres y quieren eliminarlos del todo, que si el matrimonio entre personas del mismo sexo nos encamina a la extinción de la humanidad. Pero es ese mismo miedo que crea tales fábulas, es el que vuelve a la iglesia incrédula ante verdades urgentes como la protección de la niñez, de los inmigrantes, el cambio climático o las amenazas de los algoritmos de macro datos y el desarrollo de inteligencia artificial para las democracias.

Los hebreos tuvieron miedo al salir de Egipto, los discípulos de Jesús tuvieron miedo al pasar a la otra orilla, la iglesia de hoy tiene miedo de abrir sus puertas. Sin embargo, en todos esos escenarios ha habido personas y comunidades valientes que han decidido continuar su aventura hacia la otra orilla. De los 12 espías enviados por Moisés a la *otra orilla* del Jordán para traer noticias sobre Canaán, la tierra de la promesa, 10 tuvieron miedo y solo 2 fueron valientes. De los 12 discípulos del relato de la tormenta no tenemos noticias sobre algún valiente solitario, tal parece que los 12 tuvieron miedo, pero del mismo modo los 12 en bloque vencieron el temor y se aventuraron confiados a la otra orilla. Monseñor Gaillot no tuvo temor y ha abrazado, con todo y tormentas, la aventura planteada por Jesús a la iglesia, aunque haya sido desterrado al desierto del Sahara. Muchos otros van remando hacia la otra orilla, a veces en medio de tempestades, a veces en plena paz y libertad. Iniciemos nosotros también esa travesía. Recordemos que tenemos un reto imperativo que asumir: *¡Pasemos a la otra orilla!* Y una pregunta acuciante que responder: *¿Por qué tienen miedo?* ¿Cómo se siente la libertad? Pienso que lo primero que se siente es una urgencia, una necesidad de salir del desierto o de pasar a la otra orilla. ¿Cómo se siente la falta de libertad? El sentimiento transversal de la cautividad es el miedo. Y el temor es la mayor de todas las cautividades. Pere Casaldáliga dice que lo contrario a la fe no es la duda sino el temor. En 1ª Juan 4:18, dice que en el amor no hay temor y que el perfecto amor elimina el temor.

Comencemos acercándonos al contrato de libertad que nos ofrece Dios comprendiendo sus Diez Mandamientos. *"Yo soy Yahvé tu Dios, que te liberó del país de Egipto, de la casa de servidumbre"* (Éxodo 20:2; Deuteronomio 5:6).

DOS PASOS PARA ENCONTRAR LA LIBERTAD Y GUARDAR LA FE:

Tu otra orilla: El inicio de tu libertad está en definir cuál es la otra orilla a la que debes llegar. Definir muy bien de dónde debes partir y hacia dónde debes ir es el inicio de tu libertad. Cruzar al otro lado es dar el primer paso. La única forma de ser libre es dando tu primer paso hacia el otro lado. Sal de donde estás. ¿Debes salir de una relación tóxica? ¿De un trabajo? ¿De una iglesia? ¿Debes salir del secreto y el silencio? ¿Cuál es el puerto que debes abandonar?

¿Cuáles son tus miedos?: El segundo paso es vencer el miedo ¿A qué le tienes miedo? ¿A tu familia? ¿A la presión de grupo? ¿A fracasar? Nombra y enumera tus miedos y disponte a vencerlos. Encuentra la ternura de una causa, encuentra la firmeza de la fe, vuelve a recorrer el camino las veces que sea necesario.

¡TE SAQUÉ!

El primer paso de la aventura hacia *la otra* orilla, reside en una peculiar palabra que se encuentra justo antes del primer Mandamiento. ¿Qué es lo que hace Dios antes de promulgar los Mandamientos? Nos recuerda que somos libres y que no existe ninguna presión de Él sobre nosotros.

En el Nuevo Testamento, tampoco vemos a Jesús ejerciendo presiones de ninguna clase. Su mensaje siempre es un espacio de libertad y no de obligación. Jesús dice "Si alguno me ama", "El que quiera seguirme", "Si alguno me escucha" ..., el lenguaje de Jesús, la construcción de sus frases y su tono siempre dejan espacio para la libertad. No podemos estar en una religión o en una iglesia en la que la libertad sea administrada, no podemos esperar autorización para ser libres. La libertad permitida es dependencia, la libertad administrada es el Evangelio a cuentagotas.

De la misma manera que Jesús, con su tono amable y sus frases sin presión, Yahvé se acerca a los hebreos al pie del monte Sinaí, cuando Moisés recibe las tablas de los Diez Mandamientos y comunica la siguiente verdad liberadora: *"Ahora bien, si me escuchan y cumplen mi pacto, ustedes serán mi tesoro especial entre todas las naciones de la tierra"* (Éxodo 19:5). La libertad otorgada por Yahvé no les sería arrebatada, ahora ya eran libres, aún sin haber firmado contrato alguno de fidelidad con Dios. El impulso liberador de Dios antecede cualquier pacto

En el artículo número uno de la Declaración Universal de los Derechos Humanos se abraza la libertad como una condición dada a cada ser humano desde su nacimiento: *"Todos los seres humanos nacen libres e iguales en dignidad y derechos y, dotados como están de razón y conciencia, deben comportarse fraternalmente los unos con los otros"*. Ese factor de libertad que deberíamos compartir todos los hombres y mujeres, niños y niñas, es el que Dios mismo establece como antesala a los Diez Mandamientos. Los Diez Mandamientos no son nada sin una libertad previa. Es decir, leyes y mandamientos también los tenían los hebreos en Egipto, pero sin libertad esas leyes y esos mandamientos solo reafirmaban su esclavitud. El factor diferenciador entre unas y otras es la libertad.

En Éxodo 20:2, justo antes de la promulgación del primer mandamiento, leemos *"Yo soy el Señor tu Dios. Yo te saqué de Egipto, del país donde eras esclavo."* Antes de los mandamientos ya había libertad. Antes de los "No", ya había un "Sí". Dios mismo se aseguró de garantizar esa libertad incondicional antes que cualquier pacto.

La palabra que aparece traducida por "saqué" en el versículo anterior es "yatsá" que significa literalmente sacar. En la versión griega del Antiguo Testamento esa palabra es "exagó", extraer, llevar afuera. Debemos entender la importancia de la ubicación estratégica de *yatsá* antes de la promulgación de los mandamientos.

El factor *yatsá* es la clave de interpretación que convierte a cada uno de los mandamientos en elementos de garantía de libertad. Sin el factor *yatsá* no podríamos comprender que lo que está a punto de suceder al pueblo hebreo no es más que un pacto de libertad. Sin el factor *yatsá* sucumbiríamos sin duda alguna ante la tentación de interpretar los Diez Mandamientos como meras ordenanzas, leyes, decretos o imposiciones que en nada se diferenciarían de las leyes y decretos del Faraón en Egipto. De hecho, toda interpretación bíblica debe tomar en cuenta el factor *yatsá*. De lo contrario, cualquier texto se convertirá en cadena, opresión, injusticia o esclavitud.

Pero, para entender con más claridad el factor *yatsá* debemos dar un paso atrás y concentrarnos por unos instantes en una descripción que aparece solo unos versículos antes: *"Ustedes vieron lo que hice con los egipcios. Saben cómo los llevé a ustedes **sobre alas de águila** y los **traje hacia mí**."* (Éxodo 19:4).

SOBRE ALAS DE ÁGUILA

Tres meses habían pasado después de la salida de Egipto. El pueblo acampaba frente a la montaña. Habían esperado este momento ansiosamente. Lo que estaban haciendo no era una mera huida de Egipto. Moisés les había prometido que Dios les daría la libertad definitiva. La libertad de su condición de humillados.

Dios utiliza una poderosa metáfora para hablarle al pueblo. Es una hermosa descripción en un hebreo cuidadoso y elegante. Por lo general, cuando Dios es el sujeto que habla, el hagiógrafo elige los mejores vocablos hebreos, de forma que la alocución es elevada y elocuente. Que Dios los haya tomado sobre alas de águilas es una concepción muy diferente de lo que el pueblo mismo habría experimentado en carne propia. El éxodo no era un evento de fácil realización. El temor, la duda, la presión, todo eso se mezclaba en los corazones de los hebreos. Habían creído en un Dios que apenas estaban empezando a conocer, cuya revelación se daría a partir del pacto que estaba por efectuarse al pie de la montaña. La incertidumbre de lanzarse hacia el desierto, dándole la espalada al imperio que los había sometido durante generaciones, puso a prueba la fe que el pueblo depositó en Moisés, su guía.

El contraste con la situación lo marcan las palabras mismas de Dios. Éxodo 19:4 nos brinda la óptica divina. Dios utiliza la imagen de un águila para describir su acción liberadora. La palabra hebrea que se traduce por águila es *néser,* en nuestro texto la encontramos en plural *nsrym,* águilas. El inesperado plural no indica realmente un número indeterminado de aves, sino que nos muestra un superlativo. Es decir, Dios estaba describiéndose como "una gran águila" y no como muchas águilas. La acción de tal águila poderosa es precisamente la de extraer para liberar, sacar de raíz al pueblo y llevarlo lejos de la esclavitud y la humillación.

Este estilo pluralizado es muy común en el hebreo del Antiguo Testamento. En el Salmo 42:5 podemos encontrar un excelente ejemplo de esto. *"[...] Salvación mía y Dios mío".* La palabra que se traduce por "salvación" la encontramos en plural, dándonos por adelantado una vislumbre de la salvación absoluta que recibiremos de parte de Dios y a través de Jesucristo.

El Deuteronomio nos amplía la metáfora: *"Como un águila que aviva a sus polluelos y revolotea sobre sus crías, así desplegó sus alas para tomarlo y alzarlo y llevarlo a salvo sobre sus plumas"* (Deuteronomio 32:11). Dios habla de sí mismo como de un águila grandiosa. A la zozobra sin límites que padecía el pueblo, se antepone la seguridad de las poderosas alas de gran envergadura de Dios. Él propone una visión distinta. En pocas palabras, es como si Dios estuviera diciendo: "Yo he tomado la iniciativa de hacer esto, ustedes no tenían ninguna posibilidad de hacerlo, no eran capaces de salir de Egipto, solo yo he tenido el poder para romper el yugo que los esclavizaba".

Resulta interesante que el águila figura como un animal impuro en la lista que aparece en Levítico 11:13 y en Deuteronomio 14:12. Es muy probable que se tomara como animal impuro por ser un ave que también suele alimentarse de carroña (Job 39:27). Por decirlo de otra manera, come las migajas que caen en el suelo de la mesa de otros seres, lo que nos propone un aspecto muy revelador del corazón de Dios. Dios elige un pueblo despreciado de todos los otros pueblos. Recordemos que los egipcios habían llegado a imprimir tanto desprecio hacia los hebreos, que deseaban exterminarlos matando a sus hijos varones al nacer. La humillación era ya insoportable para el pueblo, pero Dios escucha su clamor, sus gritos de angustia: *"Ciertamente he visto la opresión que sufre mi pueblo en Egipto. He oído sus gritos de angustia a causa de la crueldad de sus capataces. Estoy al tanto de sus sufrimientos"* (Éxodo. 3:7). Es el momento en que se hace necesario un Dios "carroñero", al que le interese descender hasta lo que ya parece que no tiene utilidad en el mundo o lo que el mundo rechaza y desecha. ¡Este es el Dios del *Transeamus contra!*

La figura de Dios como águila que desciende a redimir lo que ya el resto del mundo había condenado a muerte, es muy oportuna en el contexto del éxodo. El águila por lo general toma entre sus garras a su presa y la lleva hasta su nido, ubicado siempre en lo más alto de las rocas escarpadas (Jeremías 49:16). Eso es lo que Dios hace con los hebreos y es lo que literalmente promete en el versículo que sigue al que acabamos de mencionar: *"Por eso he descendido para rescatarlos del poder de los egipcios, sacarlos de Egipto y llevarlos a una tierra fértil y espaciosa. Es una tierra donde fluyen la leche y la miel, la tierra donde actualmente habitan los cananeos, los hititas, los amorreos, los ferezeos, los heveos y los jebuseos"* (Éxodo 3:8).

También podemos encontrar que *néser* (águila) es un ave que puede sobrepasar los dos metros de envergadura, y puede llegar a pesar más de seis kilogramos, lo que le imprime majestuosidad y poderío. Existen cuatro tipos de águila en la región de Palestina. De todas ellas, es muy probable que el hagiógrafo haya estado pensando en el Águila Real o Águila Imperial (En latín: Aquila Heliaca) o su hembra, el Águila Dorada (Aquila Chrisaetus)[2], que acostumbra llevar a sus polluelos entre sus alas como precisamente se describe en Deuteronomio 32:11 y en Éxodo 19:4, que es el éxodo que nos ocupa. Por lo tanto, la imagen de un Dios totalmente misericordioso se complementa con la de un Dios que es

---

2   Helps for Translators, "Fauna and Flora of the Bible", United Bible Societies, London, New York, Stuttgart, 1980.

rey, un rey extremadamente poderoso, que en su misericordia escucha el clamor de su pueblo y desciende hasta lo despreciado del mundo y lo libera, lo rescata y lo conduce sobre la seguridad de sus enormes alas de águila. Si un rey malvado los oprimía y los esclavizaba, ahora un rey lleno de misericordia y poder los libera y los salva.

Finalmente debemos detenernos en una de las características más distintivas del águila: su visión. Esa capacidad de visión a larga distancia del águila es radicalmente superior a la del ser humano. De ahí que se diga popularmente de alguien que tiene una excelente capacidad visual, "tiene visión de águila". Los hebreos no podían ver más allá de su situación actual de pueblo nómada, recién liberado de su opresor y sin un derrotero definido. Pero qué tranquilidad llega a la persona al comprender que Dios tiene la visión muchísimo más amplia y aguda que la nuestra y Él sí sabe muy bien lo que viene por delante. Dios puede ver el panorama completo, nosotros no logramos ver más allá de nuestras narices.

En la naturaleza esta especie de águila no tiene enemigos naturales, el único que atenta contra su supervivencia es el mismo hombre. Por lo tanto, en el reino animal ella no tiene competencia. Cuando se comienza a estructurar la adoración en la comunidad berítica (de *Berit* = Pacto)[3], Dios no habla de la no existencia de otros dioses o poderes, Dios lo que dice es que aunque existieran otras deidades, ellas no suponen ninguna amenaza para su reino. Profundizaremos en este asunto

---

3   Término que nace de la palabra hebrea "berit" que significa "pacto". Definimos comunidad berítica al pueblo del pacto.

cuando nuestras miradas se detengan en el primer y segundo mandamientos, donde el tema no es realmente el monoteísmo, sino la monolatría.

LOS ATRAJE A MÍ

Luego de presentarse como un Águila Real, Dios explica en qué consiste verdaderamente el acto de liberación que acaba de efectuarse. Y lo primero que deja claro es que fue su iniciativa. Conservemos en la mente, aun por un momento más, la metáfora de Dios como águila. Porque el acto que se está describiendo se comprende mejor si pensamos en lo que el águila hace con sus polluelos. Al parecer el Águila Real hembra, es decir: el Águila Dorada, que es de mayor tamaño que el águila macho, suele transportar a sus aguiluchos en sus alas[4]. Ellos desearían no salir del nido jamás. Ahí se sienten completamente seguros, aunque sepan que son dependientes y su espacio es reducido. Sin embargo, las crías crecen y ya no caben en el nido. El águila entonces los conduce en sus alas y los anima a volar. Pero es el águila la que toma la iniciativa, de lo contrario los polluelos crecerán y destruirán el nido provocándose la muerte. Su madre extiende sus poderosas alas y las mece con fuerza sobre el nido, empujándolos a salir de ese lugar para emprender su vuelo de libertad. El águila que

---

4   La palabra hebrea que se traduce por ala es *Kanaf.* El mismo término lo suele usar el árabe. *Kanaftu al-.say (he ocultado una cosa). Maimónides menciona que Ibn Yanan (lexicógrafo cordobés contemporáneo de Maimónides) afirma que este vocablo en su forma hebrea también admite tal acepción. Lo que no está lejos de la imagen que nos presenta nuestro éxodo. Las alas de Dios tomaron a su pueblo y lo escondieron dentro de ellas.*

mece sus alas para empujar a sus polluelos es Dios, empujando a los hebreos a transitar el camino de libertad hasta Palestina, y es Jesús animando a sus discípulos a pasar a la *otra orilla.*

El segundo versículo del Génesis nos regala la misma imagen. En el instante mismo de la creación *"La tierra era caos y confusión y oscuridad por encima del abismo, y un viento de Dios **aleteaba** por encima de las aguas"* (Biblia de Jerusalén). Ese verbo que se traduce por aletear es el mismo con que se describe la acción del águila que *aletea* sobre sus polluelos para echarlos a volar en libertad. Y una vez más encontramos que las posibilidades que el Universo tenía de echar a andar eran nulas, así como eran nulas las posibilidades de los hebreos de echar a volar en libertad lejos de los egipcios o de los discípulos de calmar la tormenta para llegar a la *otra orilla* o de nosotros de abrir las puertas de la iglesia. Solo Dios con su poder era capaz de efectuar tan descomunal obra milagrosa

La traducción más adecuada a la frase que comentamos ahora es la que nos ofrecen los profesores jesuitas en su comentario al Génesis: "Y os he ***introducido hasta*** mí"[5]. El Éxodo hebreo nos da la oportunidad de comprender la fuerza liberadora de Dios. Así podemos entender que Él había tomado la iniciativa de *introducirlos* a su Reino. Dios gobierna sobre toda la creación e *introduce* dentro de su Reino al pueblo despreciado del mundo. Debemos comprender que Dios no está diciendo que los puso *a su lado,* ni tampoco *debajo de él,* lo que realmente nos dice es que los adoptó. Dios también libe-

---

5   Biblioteca de Autores Cristianos, Salamanca, MCMLXVII.

ró a otros pueblos de la misma manera que lo hizo con los hebreos: *"Israelitas, ¿son ustedes más importantes para mí que los etíopes? —pregunta el Señor—. Saqué a Israel de Egipto, pero también traje a los filisteos de Creta y a los arameos de Kir."* (Amós 9:7). No debemos perder de vista que la Biblia hebrea narra la historia del pueblo hebreo, pero Dios es mucho más grande que la Biblia, no podemos pretender que todo Dios quepa en las páginas de una Biblia o de una Constitución Política, como pretenden algunos. Dios actúa fuera de la Biblia y libera a otros pueblos.

¿TEMPLO O IGLESIA?

Uno de los grandes errores interpretativos del cristianismo ha sido la equiparación del Templo del Antiguo Testamento con la Iglesia (edificio) y del sacerdocio veterotestamentario con el pastorado. La iglesia no es una continuación del Templo del Antiguo Testamento. Y el pastorado no es una continuación del sacerdocio veterotestamentario. De hecho, hay una ruptura tajante entre unos y otros. El Templo es un **sistema**, la iglesia es una **comunidad** de gratuidad. Jesús vino a romper con la dictadura del Sistema-Templo y con los abusos e intermediación del sacerdocio. Sin el factor *yatsá* seguiríamos pensando que la iglesia es igual al Sistema-Templo y que los pastores son el equivalente de los sacerdotes del Sistema-Templo. Esa confusión da como resultado una homologación entre el sistema sacerdotal judío, que es patriarcal y excluyente, en el que las mujeres no pueden tener un rol sacerdotal, y pastoral cristiana, donde ya no hay diferencia entre hombre y mujer y todos son uno en Cristo (Gálatas 3:28). Pero Jesús nos sacó (yatsá) de la dependencia del paradigma del Sistema-Templo. Ya Dios no habita en el lugar Santísimo ni hay que hacer sacrificios para limpiar nuestros pecados. Dios no es sistema, sino puro amor y Dios se ha revelado en Cristo, y Cristo no es sistema sino un hombre que acoge precisamente a los excluidos y abre a todos un espacio de encuentro personal, en gratuidad. La iglesia es comunidad supra-sistema, al servicio de la libertad y comunión personal entre hombres y mujeres de la periferia de Israel, no centrada en el Sistema-Templo[6] como veremos a continuación.

LA LIBERTAD DEL LEPROSO

En el Evangelio de Mateo, cuando un leproso le ruega a Jesús que lo cure, el Maestro se dirige a él, lo toca y lo sana de su enfermedad. Pero no se detiene ahí porque le dice: *«Ve, muéstrate al sacerdote y presenta la ofrenda que ordenó Moisés, para testimonio a ellos»* (Mateo 8:4). Pero, tal como hace notar Reza Aslan, ¡Jesús está bromeando! Probablemente esta sea la broma teológica más brillante que exista. Porque el leproso no sólo estaba enfermo, estaba también impuro. Las normas del Templo decían que una persona enferma era impura a la vez. Desde el punto de vista ceremonial estaba sucio y no merecía entrar al Templo. Su enfermedad contaminaría a toda la comunidad. ¿Les suena esto familiar? ¿Qué pasa si alguien considerado pecador toma el micrófono y canta un domingo por la mañana en la iglesia? La suposición generalizada es que Dios se llenará de ira y que la voz del "impuro" contaminará a toda la comunidad. Esa misma suposición, anquilosada en la equiparación Templo-Iglesia, es la que hace que no se le permita a una persona LGBTI tomar el micrófono y dirigir una predicación el domingo, hacer una oración, dirigir la música o recoger las ofrendas.

---

6   Xabier Pikaza, *"Sistema, Libertad, Iglesia"*, Trotta, p. 49.

De acuerdo con la Ley de Moisés a la que Jesús se refiere en Mateo 8:4, solo había una manera en que un leproso se purificaría. Debía someterse al ritual más difícil y más caro de todos. Un ritual que solo podía ser llevado a cabo por un sacerdote del Templo y solo podía pagarlo una persona con mucha solvencia económica. Es por eso que enfermar de lepra era considerado como la perdición irremediable, porque era casi imposible pagar tal suma de dinero para ser purificado.

En primer lugar, el leproso debía trasladarse a Jerusalén, ya que el proceso duraría 8 días. Imaginemos lo que implicaría para nosotros hoy hacer un viaje largo, pagar hospedaje, alimentación y dejar de trabajar durante 8 días. Considerado lo anterior, el leproso debía traerle al sacerdote dos aves perfectas, además de madera de cedro, hilo carmesí e hisopo. Siete días después de eso el leproso debía rasurarse por completo y bañarse. Al octavo día debía traer dos corderos perfectos, una oveja y una ofrenda de harina y aceite. Con todo eso el sacerdote ungía al leproso en el lóbulo de su oreja derecha, el pulgar de su mano derecha y el dedo gordo de su pie derecho. Y solo haciendo todo eso el leproso podía considerarse libre de culpa y purificado. Solo así podía entrar al Templo y volver a ser parte de la comunidad de Dios (Levítico 14).

Obviamente, Jesús no le estaba diciendo al leproso, al que acababa de curar, que tomara una semana de vacaciones e hiciera un largo viaje costeándose su hospedaje y alimentación. No le estaba diciendo que comprara dos aves, dos corderos, una oveja, un trozo de madera de cedro, una arroba de hilo carmesí, una rama de hisopo, una fanega de harina y una jarra de aceite para dárselo todo al sacerdote como ofrenda a Dios, tal como la llamada *Teología de la Prosperidad* pide que los creyentes que ofrenden grandes sumas de dinero, para que su pecado sea perdonado y su milagro sea hecho. No, Jesús no le estaba diciendo que hiciera eso en serio, le estaba diciendo que se presentara ante el sacerdote ¡habiendo sido ya purificado! Eso era un desafío directo no solo a la autoridad del sacerdote, sino al propio Templo.

Esa es la ruptura de la que hablamos en este capítulo. Jesús no sólo había curado al leproso, sino que lo había purificado haciéndolo apto para presentarse en el Templo como un auténtico israelita ¡Y lo había hecho gratis! El mensaje que lleva el leproso al sacerdote, en síntesis, es este: Ya no necesitamos el Templo, el templo es una casa de corruptos sacerdotes que lucran con el dolor de la gente. Ya no hace falta llevar ofrendas ni hacer sacrificios. Ahora la salvación es gratuita, puede recibirse en cualquier parte, fuera del Templo y sin la mediación de un sacerdote. Y este fue justamente el cambio de paradigma que le costó la vida a Jesús y a muchos de sus seguidores.

En Hechos 6, podemos encontrar ya este mismo conflicto entre abandonar el paradigma del Templo y abrazar el nuevo orden de Jesús, el factor *yatsá*. Es un enfrentamiento entre los judíos de habla hebrea y los judíos de habla griega. Por una parte, estaban Santiago y la comunidad de habla hebrea. Por otra parte, estaban Esteban y los judíos de habla griega. Los primeros eran más conservadores, de estratos socioeconómicos más bajos, se exigían la circuncisión y no estaban acostumbrados a la participación de las mujeres en cargos de poder, ya que provenían de las escuelas judías más sectarias; los segundos, mucho más abiertos, provenientes de estratos socioeconómicos más altos, estaban acostumbrados al rol de la mujer en cualquier tarea de la sociedad, ya que provenían de las facciones del judaísmo de la diáspora, más cosmopolita.

Fijémonos en el grupo de habla griega, también denominado "Grupo de los siete", acostumbrados a que las mujeres participasen en las sinagogas y en las comidas. Lucas hace una referencia expresa a las hijas de Felipe, que profetizaban y pertenecían a este grupo; además, como los helenistas estaban acostumbrados, no veían ninguna restricción en la participación de las mujeres en la celebración del "partimiento del pan". Por otro lado, en Hechos 12:12-17, se dice que los helenistas estaban reunidos en la casa de María y ahí es hacia donde Pedro se dirige tras ser liberado de la prisión, diciéndoles que se lo anuncien a Santiago y sus hermanos. Los hebreos en cambio no estaban acostumbrados a nada de esto, y así surge el conflicto y la división de ministerios, con la consiguiente marginación de la mujer pues los servicios, que en un principio se entendían como una *diakonia* (diaconía) abierta a todos, van a ir siendo reservados a los varones, alejándose así de la primera postura cristiana que no admitía la superioridad de unos sobre otros.

El verdadero conflicto no es entre hombres y mujeres, sino entre la sinagoga-sistema (en la facción hebraísta conservadora) y la comunidad-libre cristiana (la naciente comunidad marcada por el liderazgo de Jesús) o, dicho de otra forma: Sinagoga *versus* Iglesia. Convirtiéndose este conflicto en la norma paradigmática en lo relativo a los roles de poder en la iglesia.

Al reto imperativo: *¡Pasemos a la otra orilla!* y a la pregunta acuciante: *¿Por qué tienen miedo?* Debemos añadirle la urgencia de romper con el paradigma Sistema-Templo. Si se homologa la Iglesia con el Templo y el pastorado con el sacerdocio, no habrá libertad; si se abraza el diseño de Jesús para su comunidad, habrá equidad y libertad.

DOS PASOS PARA ENCONTRAR LA LIBERTAD Y GUARDAR LA FE:

El factor Yatsá: Partir hacia la otra orilla y vencer tus miedos son solo los dos primeros pasos, pero para que la libertad esté al alcance de tu vida es necesario recordar que Dios te ha creado libre. Cada situación particular de tu vida debes entenderla desde el factor Yatsá (te saqué). Enumera todas las situaciones personales en las que te cuesta ver la libertad de Dios. Luego agrégale la frase "te hice libre". Por ejemplo: Si estás en una relación en la que continuamente te sientes culpable, debes recordar lo que dice Dios: *Te hice libre* de la culpa.

Rompe el paradigma: El siguiente paso es reconocer los sistemas que te están robando la libertad. Una manera sencilla de reconocer esos sistemas es preguntándote si existe culpa o miedo en ellos. Es probable que romper los paradigmas en los que has crecido sea un paso difícil. Probablemente tendrás que enfrentarte a ideas que te han enseñado desde la niñez. Por eso debes preguntarte si esas ideas te llenan de culpa o temor.

SEGUNDA PARTE

Libre

¿Cómo pasé a la otra orilla de mi vida?

INICIANDO EL CAMINO

Hace 16 años que emprendí este camino hacia la libertad, hacia la *otra orilla*, hacia ese otro margen donde Jesús ha enviado a su iglesia. Sin embargo, el camino, al igual que el de los hebreos al salir de Egipto o el de los discípulos en la barca, ha estado lleno de tormentas. Pero, del mismo modo que los 2 valientes espías y que los 12 no tan valientes discípulos, he seguido remando hacia el otro lado. A veces con miedo, con falta de fe, y a veces con mucha valentía y arrojo.

Seis años pasaron desde que emprendí esta travesía hacia la libertad antes que lograra vencer el temor de iniciar una nueva iglesia. Una nueva iglesia de puertas abiertas, yo sería el *portero*. Una nueva comunidad, como una barca, que avanza hacia *la otra orilla*. Una iglesia libre que se toma en serio el reto imperativo: *¡Pasemos a la otra orilla!*, y que se arriesga a responder una y otra vez a la pregunta acuciante: *¿Por qué tienen miedo?* Una iglesia que sabe que va en las alas de águila, no por sus propios méritos, sino por la iniciativa de Dios. Una iglesia que se aleja del paradigma machista, exclusivista y opresor del Templo y se encamina a la libertad de la familia de brazos abiertos de Jesús.

Hace 16 años escribí *"El Decálogo, un canto de adoración"*, pero en ese entonces era un estudiante de teología, soltero, sin hijos y con muy poca experiencia.

Aún me faltaba mucho por experimentar. Debían sobrevenir muchos acontecimientos personales para poder comprender más la idea de libertad.

EVANGÉLICOS Y CATÓLICOS

Cuando conocí a Laura no tenía ni idea de la aventura tan maravillosa que se cernía sobre nosotros. No podía imaginar, ni por asomo, lo que estaba por suceder. Ella católica, yo evangélico. Ella cantaba en un reconocido grupo católico y yo pastoreaba en una iglesia evangélica. Ni ella pretendía dejar de ser católica ni yo pretendía dejar de ser evangélico.

Empezamos a salir y muy pronto yo supe que había algo que parecía no encajar. Yo había crecido en un mundo evangélico pentecostal. Había aprendido a pensar que todo lo católico estaba mal y que las personas católicas no conocían a Jesús. Me habían enseñado que mi deber cristiano era "convertir" a los católicos en evangélicos.

Pasé una buena parte de mi infancia al sur de España, entre Córdoba y Sevilla. Como hijo de misioneros evangélicos había aprendido el deber de "convertir" a la España católica en evangélica. Pero en el camino me topé con el mundo musulmán del sur de España, encontré la maravilla de una fe cristiana milenaria, muy distinta a la efervescente fe pentecostal latinoamericana que pretendíamos importar desde Costa Rica.

Laura, por su parte, también supo que había algo que no encajaba del todo con ese mundo evangélico que le habían dibujado. Nuestra primera cita fue en un restaurante italiano y yo pedí una cerveza ¡Un pastor evangélico latinoamericano tomando una cerveza en su primera cita con una mujer católica! Creo que en una sola cita estábamos atentando contra un sistema sectario que había secuestrado ambas iglesias.

Nos casamos el 30 de marzo del 2008. Nuestra boda no fue ni en una iglesia católica ni en una iglesia evangélica. Elegimos una zona neutral, un intermedio. O no, no una zona neutral, sino una zona de convergencia, algo más profundo que la sola neutralidad.

Es posible que un matrimonio entre un evangélico y una católica no sea algo tan polémico en nuestra sociedad latinoamericana actual. Pero hace 11 años era, sin duda, mucho menos usual que hoy. A eso sumémosle que yo era pastor. No pasó mucho tiempo antes que empezaran a llover los señalamientos y las puestas en duda de la pertinencia de nuestro matrimonio. El primer impulso defensivo consistió en lograr que la catolicidad de Laura pasara casi inadvertida. Pero pronto supimos que eso no era libertad. No era justo y lo injusto nunca es el camino a la libertad. Decidimos ser libres. Ella seguía cantando en misas y eventos católicos y a mí, se me abrió todo un mundo maravilloso de encuentro. En el camino conocí al padre Eugenio Casas Alatriste Urquiza, a quien Laura admiraba ya desde su tiempo en el programa de Encuentros juveniles de la iglesia católica.

Pero las críticas no solo venían desde el ala evangélica. También el lado católico tenía sus preocupaciones. Y yo no los culpo demasiado. No hacía mucho que había explotado el tema de la llamada *Teología de la Prosperidad*. Salían a la luz las pésimas prácticas de ciertos pastores e iglesias en términos de recaudación de dinero. Comprendo que el prejuicio tenía sus justificaciones. En ese caso, nuestro primer movimiento defensivo consistió en mi inmersión en el mundo del catolicismo. Aún recuerdo aquella conversación con don Rafael Enrique y doña Clara. Los abuelos maternos de Laura, tan católicos como educados y respetuosos. Don Rafael Enrique, alegre y con chistes exactos y comedidos, había sido uno de los precursores de la *Dos Pino*s, la cooperativa de lecheros que llegó a transformarse en una de las empresas de lácteos más grandes de Latinoamérica. Doña Clara, una mujer elegante, culta y de formas amables, nieta y tataranieta de expresidentes de Costa Rica: Rafael Yglesias, declarado Benemérito de la Patria en 1981 y José María Castro Madriz, conocido como el *Fundador de la República.*

En la sala de su casa, aquella tarde tranquila, con café en mano, me di a la tarea de expresar mi amor y respeto por el mundo católico. Recorrí con ellos la historia del papado y de los concilios, sobre todo del Vaticano II y las reformas a la liturgia. La libertad también está en el diálogo. La escucha mutua y el interés genuino son actos de libertad. Uno puede saber qué tan libre es una persona dependiendo de su capacidad de dialogar. Nuestra capacidad de dialogar es un buen filtro para evaluar nuestra libertad. La incapacidad para el diálogo no es más que miedo, y el miedo es cautiverio.

Laura recorrió con su dulzura un camino similar con mi familia. Supo dialogar y expresar amor y respeto por las pequeñas y grandes diferencias en la práctica de la fe. Mis padres son pastores evangélicos que han dado sus vidas al servicio de la iglesia. Han fundado casi 100 iglesias dentro y fuera de Costa Rica. La etapa de misioneros en España supuso para ellos una inmersión en el arte del diálogo con otras religiones, otras culturas y otros cristianismos. Esto, sin duda, ha sido una riqueza.

¿YUGO DESIGUAL?

¿Yugo desigual? ¿Qué es yugo desigual? Normalmente la memoria de los cristianos almacena solo la primera parte del versículo *"No os unáis en yugo desigual"* 2ª Corintios 6:14. Pero, la segunda parte dice: *"¡con los incrédulos!"*, y hay una tercera parte aún: *"porque, ¿qué compañerismo tiene la justicia con la injusticia? ¿Y qué comunión la luz con las tinieblas?"* Es decir, el versículo mutilado nos hace pensar que nadie puede unirse a otra persona que no sea exactamente igual a ella. Pero la segunda parte ya nos aclara que se trata de los que no creen definitivamente. Sin embargo, aún es posible que eso no sea un impedimento real para una sana convivencia. La tercera parte del versículo termina de aclararnos diciendo que, en realidad, lo que no puede unirse es una persona injusta, con una justa, alguien que vive haciendo injusticia y otra que ama la justicia.

Al reto imperativo: *¡Pasemos a la otra orilla!,* a la pregunta acuciante: *¿Por qué tienen miedo?* y a la urgencia de romper con el paradigma Sistema-Templo, debemos añadir la capacidad de diálogo para vivir en libertad.

INTERLUDIO

A mediados del mes de abril, justo un mes después de casarnos, habíamos empezado a soñar con la fundación de una nueva comunidad. Estábamos convencidos de que el camino a recorrer era duro y arriesgado, no teníamos mucha idea de cómo lo íbamos a lograr. Sin embargo, llenos de convicciones, nos lanzamos de cabeza a la ardua y emocionante tarea de crear una nueva comunidad. Yo tenía 30 años y Laura 27.

Aún recuerdo aquella madrugada en la que Laura y yo vimos el amanecer a través de la ventana de nuestra habitación. Habíamos pasado toda la noche buscando la voluntad de Dios, no queríamos dar pasos apresurados y nos invadía una nostalgia furiosa. Dejar la iglesia en la que tantos años habíamos estado y trabajado, con todas aquellas personas que amábamos y seguimos amando, no era un paso fácil.

Necesitábamos una pausa urgente, un descanso, un refrigerio. Necesitábamos respirar detenidamente y con libertad. Nos urgía detener el inmenso engranaje de nuestra vida y tener una pausa a solas con Dios. Queríamos, de alguna forma, alejarnos de todo por un momento y encontrar quietud y silencio para reflexionar y diseñar los detalles de la nueva comunidad.

Nos enrumbamos hacia playa Potrero, en Guanacaste, a unas cinco horas por tierra desde nuestra casa en San José. Recorrimos los sinuosos 285 kilómetros hacia el norte del país, donde las olas del Pacífico abrazan las arenas, también pacíficas, de Costa Rica. Llegamos a nuestro destino cuando ya hacía horas que el día se había ido, era una noche prodigiosa y cálida. El olor a salitre llenó nuestros pulmones con esa misteriosa serenidad que solo puede dar el mar. Dormimos plácidamente, arrullados por el susurro incesante de las olas que reventaban en la lejanía. Justo antes del amanecer me despertaron los aullidos de los congos. Me levanté y escruté el horizonte a través de la ventana. Era el momento exacto en que la aurora despliega esos colores violáceos que anuncian la llegada de un nuevo día. Los congos aúllan a esta hora para recordarle al mundo que este es su territorio (aunque ya no lo sea), para que nadie se atreva a desafiar su dominio sobre ese trozo de tierra. Algunos humanos actúan como congos –pensé, dibujando una leve sonrisa en mis labios–.

Daban las 5:15 y aún tenía sueño. Decidí regresar a la cama y recostarme unos minutos más. Instantes después (en realidad habían pasado 3 horas) el sol nos empujó fuera de las cobijas. Por primera vez en años sentía que la noche me había sido fiel y me había regalado descanso, energía y vitalidad.

Fueron 3 días de verdadera calma. La casa donde nos hospedábamos había sido construida en la cúspide de una pequeña montaña, cuya falda se transformaba en playa de arena blanca. Desde esa cumbre podíamos disfrutar de una vista espectacular. Ver el océano en su inmensidad nos llenaba de alegría y esperanza. Era una visión que infundía esa clase de libertad que probablemente solo experimentamos cuando somos jóvenes. Esta era una pausa revitalizante en la que nos encontramos con Dios y Dios nos devolvió las ganas de vivir. Fue en ese momento cuando lo comprendimos. Queríamos que la nueva comunidad proveyera esa clase de refrigerio para todas aquellas personas que sabíamos que vendrían cansadas, decepcionadas, heridas y sin ganas de vivir. Nuestra nueva comunidad debía ser una pausa de descanso y sanidad, un lugar para volver a empezar, para recobrar la libertad perdida y remontar la vida con más esperanza.

TEOLOGÍA DE LA PAUSA

Recordé que en la Biblia existe una extraña palabra hebrea que evoca la idea de una pausa. Corrí emocionado a buscar mi Biblia. La abrí en el libro de los Salmos y empecé a hurgar en sus versos. De pronto estaba ahí, en el segundo verso del salmo 3. Instintivamente mis ojos recorrieron el texto del salmo para averiguar si la palabra aparecía más veces. Ahí estaba de nuevo dos versos después y luego en el verso 8. Continué mi búsqueda, lleno de curiosidad. En el salmo 4 también vi la enigmática palabra, luego, en el 7 y en el 9..., finalmente la encontré en 39 salmos un total de 71 veces. Posteriormente me di cuenta que es usada también en el libro de Habacuc 3 veces más.

Me refiero a esa misteriosa palabra que aparece flotando entre verso y verso, como si estuviera volando o bailando fuera de la estructura tan cuidadosamente entretejida de cada salmo. Se mueve sigilosamente a su aire, aparece de forma aparentemente caprichosa e inesperada. Es como si no formara parte del texto. A simple vista transmite una apariencia juvenil y despreocupada. Si tuviera que describirla como a un ser humano diría que es una niña pequeña y sonriente, con cabellos rizados que ondean al caminar o al contacto con la brisa. La imagino vistiendo de colores y disfrutando de bailar libremente. Sí, como la niña de la portada, mi hija Paula. *Selah.*[7]

Algo me decía que esta palabra iba a ser muy importante para mí. Al estudiarla pude constatar que ya otros habían sido cautivados por ella. San Agustín, por ejemplo, pasó tiempo con ella y la describía como una pausa musical, apegándose a la primera versión griega del An-

---

7   Palabra hebrea que aparece en algunos salmos y que significa pausa.

tiguo Testamento, la Septuaginta (LXX), que la traduce con el término griego diapsalma (= Intermedio musical). Una pausa o un intermedio, esto me estaba empezando a gustar. Más adelante, el profesor Eardmans sugirió que selah era la acción de inclinarse en oración. Esto me llamó mucho la atención porque los musulmanes llaman *salat* a la oración ritual en la que el orante se postra en completa humildad y devoción exponiéndole a Dios todas sus dificultades. Al ser lenguas semíticas, el árabe y el hebreo tienen muchos términos similares. Finalmente, E. König propuso una muy expresiva interpretación: "¡Arriba!", o "¡Con más vigor!"

Los salmos son esencialmente música, según esta última interpretación, selah sería la indicación para que los músicos eleven el tono o la intensidad. Pausa, inclinarse para orar, elevar el tono. Yo estaba fascinado. Esta palabra describía a la perfección lo que esos 3 días de descanso en la playa habían hecho en nuestras vidas. Habíamos hecho una pausa, nos habíamos postrado para orar a Dios y exponerle nuestras preocupaciones y dudas y, al finalizar, habíamos elevado el tono de nuestras vidas, de tal manera que teníamos más vigor para seguir adelante.

Habíamos encontrado una palabra que resumía todo lo que anhelábamos imprimir en la nueva comunidad. Una pausa en la que cada quien pudiera recobrar fuerzas para vivir con más vigor y esperanza. Nos propusimos reunir todas las piezas del rompecabezas en un solo término. El puzle cuidadosamente ensamblado, hizo emerger la palabra Interludio. La nueva comunidad sería bautizada antes de nacer con el significativo nombre de *Comunidad Interludio*. Ya teníamos el nombre y el concepto, ahora vendría lo realmente emocionante: empezar.

TEOLOGÍA DE LA RACLETTE

Durante nuestra luna de miel, Laura y yo, habíamos hecho un feliz descubrimiento culinario. Fue en la ciudad de Múnich, en Alemania. Unos amigos tenían en la mesa un singular aparato octogonal al que llamaban La Raclette. El sino del destino había decidido que solo unos días antes recibiéramos uno de esos artefactos como regalo de bodas. Sorprendidos por la curiosa coincidencia, sometimos a nuestros amigos a un intenso interrogatorio con el fin de aprender a utilizar aquel artilugio. Cuando hubimos escuchado sus explicaciones, Laura y yo estábamos enamorados de aquel plato de origen suizo. Durante todo el viaje (recorrimos embelesados las ciudades de Barcelona, Múnich, Viena, Salzburgo y varios pueblitos empotrados en los Alpes austríacos) esa comida fue protagonista de muchas de nuestras conversaciones. Acordamos estrenar nuestra raclette en cuanto regresáramos a casa. Y así lo hicimos.

La palabra raclette viene del francés "racler", que significa literalmente raspar. Esta palabra denomina un tipo específico de queso, oriundo del cantón suizo de Valais, que utilizaban los campesinos de los Alpes. Aquellas gentes solían llevar sus ganados a pastar muy lejos de sus casas, pernoctando al cuidado de sus vacas en las frías laderas de las montañas. Por las noches hacían una hoguera a la que acercaban una piedra en la que se derretía un queso que podía llegar a pesar hasta 6 kilogramos. Luego raspaban el queso para verterlo sobre papas asadas. En las amplias soledades de aquellas montañas, los campesinos solían pasar largas horas nocturnas conversando y comiendo entre amigos. La tradición arraigó profundamente y se extendió a otros países. Hoy, se fabrican aparatos especialmente diseñados para preparar este platillo. La raclette se coloca en medio de los comensales y todos cocinan juntos mientras comen y conversan. No existe un chef profesional ni un cocinero del día, sino que todos son los creadores del plato, cuya receta puede ser combinada en una variedad de formas prácticamente infinita. Los comensales se sienten libres, sin normas definidas de protocolo, propiciando un ambiente festivo, de tolerancia y respeto en medio de la creatividad.

Cuando Laura y yo regresamos de nuestra pausa con propósito en la playa, decididos a echar a andar Interludio, hicimos una cena raclette con las personas que nos acompañarían en el nacimiento de la comunidad. El valor supremo de la raclette es su carácter comunitario, algo que deseábamos que también caracterizara a la iglesia. Esta sería una comunidad donde todos seríamos bienvenidos sin distinción alguna, donde no existirían grandes estrellas o una élite de sabios o expertos ("chefs espirituales"), su autoridad sería el amor (*cf.* 1ª Corintios 13), su poder, la Palabra de vida (*cf.* Juan 1:1), su verdad, el perdón y la comunión regalados no solo a creyentes. Aquella cena fue el inicio de la Comunidad Interludio. Una cena que definió mucho del carácter y del formato de todo cuanto hacemos. Recordamos juntos que la comunidad de amigos de Jesús se basaba también en una serie de eventos gastronómicos de carácter comunitario. La comunidad de amigos de Jesús era un espacio donde podían converger personas de todo tipo para comer juntos pan y pescado y para alimentarse también de Palabra de vida (Mateo 14:13-21), lo que también podía suceder alrededor de una mesa llena de pecadores (Marcos 2:15-16), sin que los comensales tuvieran que ingerir comida pura o ser la comunidad de las "manos limpias" (Marcos.7:1-23). En la comunidad de Jesús sabían muy bien que el amor, si deja de ser gratuito, pierde inmediatamente su esencia y deja de ser amor, convirtiéndose en negocio, intercambio o trueque. Y Jesús no pedía nada a cambio, no quería un trueque equivalente, él solo quería dar su vida en amor gratuito y generalizado (*cf.* Marcos 6:36-37). Deseábamos que en Interludio reinara el amor gratuito y el respeto mutuo. Porque el amor que no se entrega y la palabra que no sabe dialogar se convierte en ideología. Queríamos evitar a toda costa los excesos del autoritarismo, los legalismos y las estructuras arbitrarias que convierten a la iglesia en una dictadura espiritual y que tantas heridas han causado a creyentes y no creyentes. Dimos inicio a nuestra comunidad reconociendo que ninguno de nosotros es perfecto, que somos todos pecadores y necesitados de la gracia de Dios. De igual forma tomamos la determinación de que en nuestra comunidad debían darse la mano todo tipo de personas en amor, aceptación mutua, tolerancia y respeto. Desde ese día, la raclette se convertiría en nuestro símbolo del amor fraternal, de la comunidad de fe y de las relaciones saludables que nos empeñaríamos en construir (Colosenses 3:14).

TODOS TENEMOS SED

En las semanas que siguieron a la cena raclette, en la que siete personas habíamos soñado, comido, reído y creído juntos, mucha gente se empezó a unir al grupo. Nos reuníamos en la sala de nuestra casa. Un salón tan pequeño como acogedor que, en poco tiempo, empezó a quedarse estrecho. Un día de tantos ya no cupimos, no entraba un alma más. En febrero del 2009 nos trasladamos a un nuevo lugar, más amplio, más céntrico y completamente equipado para la realización de nuestras celebraciones. Un gran número de las personas que se integraban venían heridas y rechazadas por otras comunidades, otros ni siquiera habían visitado una reunión cristiana en toda su vida. Cada día venían más personas a nuestras reuniones: católicos, evangélicos, resentidos, decepcionados y buscadores de todo tipo, con los que procurábamos poner en práctica nuestros valores de amor gratuito y respeto inquebrantable.

Optamos por presentarnos como una comunidad conformada por gente necesitada. Tal como comenta Drewermann en su diálogo con el obispo Jacques Galliot:

"Me gusta mucho la actitud de Jesús ante la samaritana. Está cansado; tiene sed: no lo hace a propósito, no está fingiendo. Comienza por pedir de beber. Antes de proponer la fuente de vida, expresa su necesidad de los demás. La primera cosa que hace no es hablar de Dios, es pedir agua. Creo que la primera actitud que debería adoptar la Iglesia de hoy es la de tener necesidad de los demás y no querer decir «Dios» enseguida".

CAMINANDO CON LA VIÑA

Ese mismo año, el domingo 5 de julio del 2008, fuimos reconocidos y abrazados por el Movimiento de La Viña. La Viña se ha caracterizado por su estilo contemporáneo informal, su énfasis en las relaciones, su música de adoración y su visión del Reino de Dios. Este Movimiento hunde sus raíces en los llamados "Jesus People" de las décadas de 1960 y 1970. Miles de hippies pusieron su fe y esperanza en Jesús. Eran bautizados en las playas de California, componían sus propias canciones con mensaje cristiano y en su propio estilo. Uno de los personajes más famosos dentro de los Jesus People fue Larry Norman, conocido como el padre del rock cristiano. Larry fue uno de los primeros en combinar el rock & roll con letras cristianas.

En la historia de La Viña es famoso el Día de la Madre de 1980. Ese día el precursor del "Jesus Movement" y posterior miembro del "Vineyard Movement", Lonnie Frisbee, un excéntrico predicador hippie, predicó en el gimnasio donde se reunía la iglesia de John Wimber en Yorba Linda, California. Ese día es considerado el día en que el Espíritu "vino" a La Viña. Lamentablemente Lonnie fue invisibilizado y llevado a la ignominia por su homosexualidad. Sí, un homosexual fue usado por Dios para impactar a una iglesia y con ella a toda una generación.

Nos reuníamos en salones de hoteles mientras encontrábamos algún local barato para nosotros. Así estuvimos por más de 6 meses hasta que alquilamos una bodega sucia que había sido un taller mecánico. La remodelamos, le pusimos alfombra, cielorraso, pantalla, baños, oficina, fachada, cuarto de sonido. Meses después vivimos una de las experiencias más tristes y formadoras para todo Interludio. El río María Aguilar se desbordó durante la temporada lluviosa e inundó nuestro local. Barro, troncos, piedras y mucha basura destruyeron todo el trabajo que habíamos logrado. Estábamos devastados. Hubiéramos deseado que nuestra familia de iglesias estuviera ahí, al menos para darnos ánimo. Pero no fue así. ¿Puedo decirlo? Claro que puedo porque soy libre. Excepto La Viña del Este, donde pastorean mis papás, ninguna iglesia ofreció apoyo. Fue entonces cuando empezamos a reunirnos en la Universidad Veritas.

¡UN BAUTIZO URGENTE!

El 5 de noviembre del 2010 recibimos la linda noticia de que esperábamos bebé. Todo parecía ir bien, pero al cumplir los siete meses de gestación, Santiago dejó de moverse. En la junta de médicos hubo consenso para realizar una cesárea de emergencia.

El viernes 20 de mayo del 2011, con solo 32 semanas de gestación, nació nuestro primer hijo, Santiago. Todo sucedió muy rápido. Había que salvar al bebé. Al nacer Santiago fue trasladado en una ambulancia hasta el Hospital Nacional de Niños. Laura permanecía en recuperación y yo, ante el desconcierto, no tenía mucha idea de qué hacer. Unas horas más tarde el Dr. Alberto Sáenz Pacheco, ingresó al cuarto donde Laura se recuperaba en compañía de amigos y familiares y solicitó que todos salieran excepto yo. Mi corazón pareció dejar de latir por unos instantes. ¡Qué instantes más indescriptibles! Nos tomamos de las manos, cosa que aprendimos instintivamente ese día –en lo sucesivo nos tomaríamos de las manos cada vez que nuestros oídos se sumieran en la incertidumbre de una inminente noticia–.

Santiago había nacido con una serie de malformaciones congénitas. Al día siguiente, aun sin haber cumplido sus primeras 24 horas de nacido, sería sometido a la primera de una infinidad de cirugías. Santi había nacido con una atresia de esófago, con fístula a las vías respiratorias. Su esófago no se conectaba con el estómago, sino con los pulmones. Para que pudiera alimentarse había que cerrar la fístula e intentar unir el esófago con el estómago. También hubo que hacerle una colostomía, ya que su colon descendente se unía con la vejiga en vez de desembocar en el recto y faltaba una porción de colon que uniera este con el ano. El pediatra nos sugirió que lo bautizáramos esa misma noche.

Su recuperación marchaba bien en la Unidad de Cuidados Intensivos (UCI) neonatales, hasta que cumplió 10 días de nacido. Aquella tarde del 30 de mayo, los médicos nos llamaron a una oficina aparte. Nosotros nos tomamos de las manos, como habíamos aprendido. Nos informaron que Santi había tenido una crisis general (todos sus órganos vitales fallaron). Nos dijeron que probablemente no sobreviviría esa noche…

¿Una fe evangélica para orar por mi hijo? ¿Para qué? ¿Una fe católica para pedir por Santiago? ¿Para qué? ¿Una fe en Cristo, sin apellidos ni religiosidades? ¡Esa sí!

Debíamos regresar a casa y dejar a Santiago en el hospital ya que no se nos permitía pasar la noche en la UCI. Al llegar a casa hicimos la oración más difícil de nuestras vidas. Yo inicié la oración, tomados de las manos, entregándole a Dios la vida de Santi, le pedí a Dios que se lo llevara. No quería verlo sufrir más, era demasiado pequeño y vulnerable. Laura me detuvo con un grito que le salió del alma: "¡No!, yo no voy a orar así".

"Está luchando" nos dijo don Alberto al día siguiente. Santi seguía vivo, pero sedado, con un respirador de alta frecuencia, tan hinchado que era casi irreconocible. En medio de todo esto nos llegó una noticia sorprendente. Los estudios de la placenta y del cordón umbilical habían revelado algo sumamente inusual en la gestación del bebé. El cordón carecía de la llamada "Jalea de Wharton", sustancia esencial para la transmisión del oxígeno y nutrientes en la vida intrauterina. En todo el mundo se han reportado solamente 50 casos iguales durante los últimos tres siglos y, hasta donde sabemos, solo Santiago ha logrado nacer vivo con esa condición.

Algunos meses después supimos que Santiago era un niño VACTERL, una condición que designa un conjunto de malformaciones que afecta varias estructuras del organismo. El acrónimo VACTERL procede de las iniciales de las estructuras embrionarias más implicadas: vértebras, ano, corazón, tráquea, región traqueo-esofágica, riñón y extremidades inferiores, cuyo término anglosajón es "limbs".

La ternura es libertad y qué mejor que un bebé para suscitar una ternura que trasciende las fronteras de todo tipo. El nacimiento de Santi fue un terremoto para nuestra fe. Fue una bomba nuclear que cayó sobre lo que aún quedaba de nuestra religiosidad. Una fe libre y desnuda surgía a empellones en cada nueva cirugía, cada nuevo proceso, cada lágrima y cada lucha en el hospital.

Una noche, una serenata silenciosa se apostó frente al Hospital Nacional de Niños, donde Santiago luchaba, una vez más, por su vida. Católicos y evangélicos, agnósticos, judíos y musulmanes unidos frente al hospital.

Todos con un mechero encendido, en una oración silenciosa de unidad y de amor. La ternura es libertad, la ternura de un bebé rompe nuestros estereotipos y nuestras limitaciones religiosas.

Santiago hoy es un niño brillante de siete años, que cada día nos asombra con sus logros y habilidades.

Al reto imperativo: *¡Pasemos a la otra orilla!,* a la pregunta acuciante: *¿Por qué tienen miedo?,* a la urgencia de romper con el paradigma Sistema-Templo y a la capacidad de diálogo, debemos añadir la ternura para vivir en libertad.

PASOS PARA ENCONTRAR LA LIBERTAD Y GUARDAR LA FE:

Luego de su novena operación, y al ver sus propias cicatrices, Santi nos dio dos enseñanzas muy importantes:

1. Hay que saber diferenciar entre una herida y una cicatriz. Reconocer cuando aún tenemos una herida (para sanarla) y cuando ya es cicatriz y nos queda solo el recuerdo y la enseñanza.

2. Las cicatrices no crecen. Cuando el niño va creciendo la cicatriz parece empequeñecerse. Hay que seguir creciendo y dejar que la cicatriz solo nos recuerde cuánto hemos cambiado desde entonces.

¡PAULA, LA LIBERTAD EN PERSONA!

Si Santiago representaba la fe sencilla y sin artificios, Paula representa la libertad personificada. Y es así no desde su nacimiento, sino desde mucho tiempo antes. Laura y yo sentíamos un temor profundo al pensar en un segundo bebé. ¿Será un reto similar al de Santi? Los genetistas no nos garantizaban nada. Estábamos cautivos en el temor. Pero quisimos ser libres y decidimos tener un segundo hijo, que resultó hija. Así que Paula es hija de la libertad decidida, hija de la libertad elegida, hija de la voluntad libre del amor y de la fe. Ella fue concebida desde la barca que viaja a la otra orilla, desde la fe de puertas abiertas y desde dos corazones libres que remaban a brazo partido hacia el otro margen del lago.

Paula nació el 13 de octubre del 2014 y vino como una rúbrica divina que sella su voluntad de libertad. Paula es el equivalente humano del factor *Yatsá* hermenéutico. Basta con que ella esté para que los acontecimientos cotidianos puedan interpretarse como una nueva frontera de libertad.

Con Paula vino también mi libro *Spiro,* cuyo título se inspira en una frase latina atribuida al escritor, político y orador romano Marco Tulio Cicerón: *Dum spiro spero, dum spero amo, dum amo vivo,* que traducido al castellano es: *Mientras respiro tengo esperanza, mientras tengo esperanza amo, mientras amo vivo.*

Cuando pensaba en la portada de este libro, no podía dejar de pensar en Paula como la más viva imagen de lo que quiero expresar. Ella es una niña libre. Nos sorprende con su ingenio, su creatividad y su amor por correr y bailar. Paula ama el riesgo. Escala, salta, se cuelga de los lugares más insospechados y ríe sin parar.

Pero para Paula no ha sido fácil. Muy pronto tuvo que aprender a sobrevivir en medio de una familia en constante alerta médica por su hermano mayor. Un sistema que, por obvias razones, dedica más tiempo a su hermano mayor, porque requiere mayores atenciones y cuidados.

Con Paula, también llegó nuestro contacto con el Papa Francisco, cuando fui invitado junto a otros teólogos y pastores, en cuenta mi propio padre, a una audiencia privada en el Vaticano. Recuerdo cuando publiqué en mis redes sociales las primeras fotos de aquel encuentro. Muchos de quienes habíamos estado en la audiencia estaban temerosos de la reacción de la gente. Una vez más, el temor nos hace cautivos. Sobrevino una avalancha de comentarios, juzgamientos y recriminaciones. Ahora yo era un "pastor hereje".

Santi representa el acto de levantar el ancla de la barca ante la llamada de Jesús *¡Transeamus contra!*, Paula es la que salta desde la barca a tierra firme, allá al otro lado y, desde allá, nos invita al resto a bajar sin temor. El otro lado es un lugar seguro.

PASOS PARA ENCONTRAR LA LIBERTAD Y GUARDAR LA FE:

Reconoce tu valor individual: Es posible que algunos de los sistemas y relaciones donde te encuentras ahora no giren en torno a tu vida. Eso es normal, pero eso no quiere decir que no existan personas que te aman y te valoran. Reafirma tu valor individual, refuerza tus destrezas, habilidades, cuida tus emociones y abre camino para otros. Como Nelson Mandela, Gandhi, Dietrich Bonhoeffer, Sojourner Truth, Helen Keller o Rosa Parks.

MI REVOLUCIÓN INTERIOR:

La llegada de mis hijos abrió una especie de baúl de los recuerdos en mi vida. Mis temores y heridas más grandes y mejor guardadas volvieron a plantarme cara. Algo en mi amor de padre hizo que me aterrorizara ante la idea de que ellos vivieran lo mismo que yo cuando era un adolescente.

Yo solo tenía 14 años, casi 15. Acabábamos de llegar a vivir a la ciudad de Sevilla, en España. Era mi primer día de clases en el Instituto Julio Verne de Pino Montano. Nunca me han gustado los primeros días de clases. Creo que la razón reside en esta etapa de mi vida.

Aquel primer día de clases fui abusado sexualmente por cuatro hombres. Sucedió al finalizar las clases, sobre la arena amarilla cubierta de diminutas piedras afiladas que se me clavaron en las piernas y brazos. Fue la primera vez que un grito silencioso en mi interior surgió furioso preguntándose dónde estaba Dios.

Me sumí en una tristeza profunda, un enojo indescriptible y un temor insondable ante el mundo. Me escondía de todo y de todos. Leía muchos libros y me refugiaba en la música, tocando mi flauta traversa. Cuánto dolor y cuánto daño sobrevino sobre mi vida y me siguió durante tanto tiempo. Callar no me ayudó en nada. Sufrí depresiones continuas y dificultades para relacionarme con otras personas.

Estaba cautivo del dolor. Intenté superarlo, perdonar, olvidar, paliar el dolor, pero nada parecía ser efectivo. Cuando nacieron Paula y Santi, todo ese dolor y todos esos temores regresaron más vivos que nunca.

Pero no fue sino hasta el mes de octubre del 2016 que pude ser libre de todo aquello. A mi regreso de la audiencia papal con Francisco pasé unos días en España. Visité Sevilla, la hermosa y querida ciudad de mi adolescencia.

Lo primero que hice fue visitar mi recodo favorito en el barrio de Santa Cruz, un recodo misterioso y abovedado en plena judería, muy cerca de la catedral y de la Giralda. Ahí me refugiaba muchas veces cuando era un adolescente.

Luego me encaminé hacia mi antiguo colegio, el Instituto Julio Verne. Entré, recorrí sus pasillos y me dirigí, en medio de una vorágine de emociones, al lugar donde todo había ocurrido aquel primer día de clases. Previamente había guardado en mi billetera una fotografía mía, de cuando era niño. Al llegar al lugar me senté sobre la arena amarilla repleta de las mismas diminutas piedrecitas que volvieron a clavarse en mis piernas. Saqué la fotografía y emprendí el camino a mi libertad emocional. Me reconcilié con la vida y conmigo mismo. Lloré sin tapujos mientras le hablaba a una fotografía de un niño que solo yo conocía. No sé si alguien me vio hacerlo, pero sé que cualquiera hubiera pensado que estaba loco. Lloré a raudales y me sentí libre. Días después escribí lo sucedido en mi blog:

VINE POR TI

Vine a recogerte niño. Aquí, donde hace tanto tiempo te perdí en mi huida despavorida. Vine a abrazarte, sé que lo necesitas. Te conozco.

Vine desde tu futuro, desde tu mañana, desde tu después. ¡Sí, porque hubo un después y un mañana! y hubo vida y alegría y paz; hubo aventura y fuerza y amor y se multiplicaron los abrazos, más robustos cada vez.

Vine a hablarte después de tanto silencio, ese silencio que se rompe hoy con una promesa: te prometo que no estarás más aquí, niño mío, yo-niño, yo.

He venido a decirte que me siento orgulloso. Si, sé que te ves tan pequeño, indefenso e insignificante; que te sientes despojado de alegría y dignidad, sé que para ti no hay mañana, ni hay vida, ni hay sol ni paz. Por eso he venido por ti...

Dejáme hablarte de "vos", porque desde hoy serás diferente, podrás volar y ser, y romper el aire con el martillo de la esperanza ruda y fecunda. Yo sé que no lo sabés, pero sos fuerte. Sé que no lo sabés porque estás tendido en el concreto de cuadrícula y tu cara y manos están llenas de albero amarillo y diminutas piedras yacen incrustadas en tus palmas y mejilla. Pero sos fuerte, muy fuerte. Viviste, viviste bien. Supongo que no

*me estás creyendo o pensás que soy otro loco que vie-
ne a joderte la vida, pero mírame a los ojos, tus ojos,
nuestros ojos ¿No te dicen nada? ¡Son ojos felices como
golondrinas libres después del aguacero!*

*Un día te levantaste. Un día, de improviso, la vida
te embistió y casi sin darte cuenta, te convertiste en un
hombre de fe, con una esperanza diáfana y felina. Ahí
donde no supiste defenderte, tu nueva esperanza aprendió a arrancarle alegrías a la vida a fuerza de zarpa-
zos. Ahí donde te tragaste el grito, el odio y el miedo, tu
nueva fe aprendió a articular, a pronunciar, a hilvanar
verbos llenos de poder con los que zanjaste desolacio-
nes y ataduras. Te divorciaste de la amargura, nadaste
durante años por el naufragio del dolor, pero llegaste
a la orilla y, por fin, descansaste tendido en la arena y
fuiste un nuevo hombre, de piel curtida y alma astuta.*

*Vine a recogerte niño. Me hiciste falta, pero hoy
por fin, seré vos otra vez, y vos, vos podrás ser yo, y nosotros... nosotros seremos libres.*

UN REFUGIO, NO UNA TRINCHERA

A todas edades el ser humano experimenta la impe-
riosa necesidad de luchar por ser aceptado, por ser más
fuerte, por ganarse el amor y el cuidado de sus semejantes. En el camino acumula heridas que, muy probablemente, lo acompañen el resto de sus días, sin sanarlas.

Y así llegamos casi todos al ambiente de una comunidad de fe. Llegamos cansados, heridos, huyendo de
muchas cosas y con el anhelo de volver a iniciar, dejar el
pasado y construir una mejor vida.

Si hay una necesidad en las personas que llegan a una comunidad de fe, es la de encontrar un verdadero refugio. Y justamente esa palabra es importante en la Biblia. El Antiguo Testamento la utiliza para nombrar lugares excepcionales, donde los seres humanos serían protegidos. Verdaderos refugios. Ese era un fabuloso proyecto de Dios. Estos lugares especiales eran llamados "Ciudades de refugio". La palabra traducida por "refugio" viene de la raíz hebrea que significa "receptáculo" o "asilo". Es decir, un lugar de recibimiento, donde se puede solicitar asilo, cuidado y protección.

En el año 2018 Costa Rica experimentó un terremoto socio–religioso. Durante las elecciones presidenciales el país se dividió, de forma antagónica. Por un lado, estaba el candidato evangélico, que propugnaba por una sociedad de discriminación, misógina, homofóbica y teocrática. Por el otro lado, estaba el candidato que abogaba por una sociedad inclusiva y diversa.

Esto provocó una violenta polarización. Miles de personas salieron de sus iglesias porque se sintieron señaladas, perseguidas y vulneradas. Ese mismo año Interludio celebraba su décimo aniversario y todo lo que habíamos caminado, aprendido, experimentado y predicado, de golpe tuvo un sentido poderoso. Dijimos entonces: ¡Somos un refugio, no una trinchera!

Como iglesia podemos tomar dos posiciones: O nos convertimos en una trinchera o nos convertimos en un refugio. Una trinchera es un lugar donde los soldados procuran el ataque, donde se está en continua batalla para ganar una idea o una posición. Un refugio, en cambio, es un lugar donde llegamos para ser protegidos. Donde nos sentimos seguros. Una trinchera crea una sensación de estar en guerra constante. Un refugio es un lugar para estar en paz unos con otros, para ayudarnos unos a otros, para abrazarnos unos a otros. En un refugio nos defendemos todos, en una trinchera se desconfía de los espías o de los intrusos o de los enemigos. Interludio es un refugio y no una trinchera. Pero eso no es algo que nos hemos inventado nosotros. Lo hemos encontrado en la Biblia.

En Josué 20:1-9 podemos encontrar que Dios le recuerda al nuevo líder hebreo, que debía constituir lugares de refugio. Esto era importante. En el versículo 2, podemos ver dos órdenes de parte de Dios: *Habla* y *constituye* ciudades de refugio. Dos órdenes que tienen que ver con enseñar y con construir. Son dos verbos de suma importancia. Enseñar sobre la aceptación, el perdón, la justicia, la misericordia y crear los ambientes donde eso pase de la utopía a la realidad.

Nuestra comunidad Interludio se constituyó, inicialmente, en una pausa donde nos refugiábamos todas las personas que nos sentíamos necesitadas.

En Josué 20:1-9 encontramos instrucciones específicas de parte de Dios al pueblo hebreo. En el versículo 2 leemos:

El Señor le dijo a Josué: 2 «Pídeles a los israelitas que designen algunas ciudades de refugio, tal como te lo ordené por medio de Moisés. 3 Así cualquier persona que mate a otra accidentalmente o sin premeditación podrá huir a esas ciudades para refugiarse del vengador del delito de sangre.

Moisés ya había designado 3 ciudades de refugio en el área de Transjordania (Deuteronomio 4:41ss). En la idea de Dios, las personas deben tener la oportunidad de ser tratadas con amor, a pesar de haber cometido faltas. Las consecuencias reales de cada falta no necesariamente se eliminaban, pero se garantizaba el trato justo y humano para todos.

Dios sabe cómo somos los seres humanos, sabe de lo que somos capaces y qué duros que somos con nuestros semejantes. Pedimos amor y justicia para nosotros, pero nos cuesta dar lo mismo a los demás. Muchas veces actuamos por prejuicios. Clasificamos a las personas en niveles de merecimientos de amor y aceptación. Pero este proyecto de Dios (Ciudades refugio) rompe con esos convencionalismos sociales que perviven aún.

Si vemos con detenimiento el versículo 9, podemos encontrar una clave muy importante para la implementación de estas Ciudades. El texto nos dice que se debía recibir por igual a los israelitas como a los extranjeros o inmigrantes. Pero en el contexto que leemos, ser un extranjero tiene implicaciones que hoy, quizás, pasamos por alto. Un extranjero, en la época de Josué, profesaba sin duda otra religión. Esto nos llama a aceptar en nuestras "Ciudades Refugio" a toda persona, sin distinción de su credo, su condición, nacionalidad, su pasado o su presente.

No tenemos que esforzarnos mucho para comprender que todos necesitamos un lugar así donde nos reciban con los brazos abiertos. Si vemos a nuestro alrededor, no será complicado descubrir cuánta gente se siente sola, desamparada, fatigada, débil o desanimada.

En el capítulo 19 del libro de Deuteronomio, encontramos otra narración en la que Dios ordena crear las Ciudades refugio. Para Dios esto era muy importante, el texto evidencia un especial interés por parte de Dios.

En el versículo 3 encontramos una solicitud asombrosa por parte de Dios: "Arreglarás caminos". Es necesario detenerse a pensar en esta pequeña solicitud de Dios. Son solo 2 palabras, pero de suma importancia. La palabra hebrea "takin" significa preparar, alistar, corregir, allanar. Es una palabra importante, la podemos encontrar en el asirio "Kanu" con la idea de afirmar o corregir. También se encuentra en el árabe con el sentido de existir. Es decir, que donde no había caminos para llegar a una Ciudad refugio, debían hacerlos o construirlos; donde los caminos se encontraran en mal estado, debían corregirlos, hacerlos de fácil tránsito. Para Dios los caminos que llevaban a los refugios eran tan importantes como los refugios mismos. La idea detrás de esto es la de facilitar la llegada. Nadie debía enfrentar dificultades para poder acceder a una Ciudad refugio. La orden es simple y profunda a la vez: crear caminos donde no los hay, corregir los que se encuentren en mal estado y mantenerlos accesibles todo el tiempo.

Otra traducción de esa palabra es la de "medir" los caminos. Y también tiene mucho sentido porque no debían ser excesivamente extensos; las personas debían poder llegar caminando distancias cortas, máximo 24 horas de camino.

Esas mismas palabras nos llegan a nosotros con la misma intensidad e importancia. No basta con crear iglesias y equiparlas con las mejores condiciones para recibir con amor y respeto a todos aquellos que quieran descanso y refugio. Es también imprescindible hacerlas lo más accesibles posible. Nadie debería tener dificultades para llegar, para acceder, para entrar e incorporarse.

UN NUEVO CAPÍTULO

También en 2018, la organización de iglesias a la que pertenecíamos tuvo un vuelco hacia el fundamentalismo. Con el cambio de Director Nacional, tuvimos un largo año de persecución y aislamiento. Si alguna iglesia me invitaba a dar una conferencia, el nuevo Director Nacional, llamaba a quien hubiese osado invitarme para interrogarlo. La deriva conservadora parecía irrefrenable. Las preocupaciones de la nueva dirección ultraconservadora cruzaron las fronteras. Realizaron reuniones en México para tratar el "caso José Pablo".

La publicación de mi libro PARADOXA, contiene muchas de las reflexiones de este periodo. Para cuando el libro había sobrepasado todas nuestras expectativas de venta en Costa Rica y empezaba a llegar a otros países, le solicité al nuevo Director Nacional, que viajaría a Sudamérica, que si podía hacer el favor de llevar varios ejemplares a otros pastores que los habían solicitado en Perú y Ecuador. Hubo silencio. Yo interpreté aquel silencio (Whatsapp marcaba como leídos los mensajes ✓✓) como el temor a difundir las ideas de una iglesia inclusiva, misericordiosa y de brazos abiertos. A inicios del 2019, decidimos separarnos de la organización en aras de seguir construyendo iglesias–refugio, junto a tantas personas y organizaciones que desean un mundo mejor.

Al reto imperativo: *¡Pasemos a la otra orilla!,* a la pregunta acuciante: *¿Por qué tienen miedo?,* a la urgencia de romper con el paradigma Sistema-Templo, a la capacidad de diálogo, y a la ternura, debemos añadir la necesidad de encontrar aliados estratégicos, personales y organizacionales, con quienes podamos emprender este viaje para construir otro mundo posible y otra iglesia posible.

El Decálogo

EL DECÁLOGO

Empecemos por el nombre. La Biblia no habla de "Los Diez Mandamientos". De hecho, son algo muy diferente a un simple mandamiento. La Biblia les llama Decálogo o *Las Diez Palabras,* como lo nombra el original hebreo. En efecto, las imágenes representativas de las "Tablas de la Ley" en hebreo contienen solo diez palabras. Y, contrario a la idea habitual, esas dos tablas no eran más que un contrato con su copia correspondiente. Es decir, cada tabla contenía las diez palabras y no, como se acostumbra a pensar, que cada tabla contenía cinco "mandamientos", la mitad del acuerdo.

¿POR QUÉ DIEZ?

David Noel Freedman, en su libro "The Nine Commandments" propone que la conexión entre el número diez y los "mandamientos" tiene que ver con una razón meramente anatómica. Diez es el número de los dedos de las manos. Según Freedman, los dedos de las manos serían la cantidad de oportunidades de fallar antes de tener una grave consecuencia. De hecho, la costumbre de Dios de dar diez oportunidades la podemos constatar en, al menos, otros dos eventos de la Biblia, ambos también durante la vida de Moisés, quien es el receptor y comunicador del Decálogo.

El primero de esos eventos ocurre durante las negociaciones para la liberación de los hebreos cuando aún eran esclavos en Egipto y lo conocemos como las Diez Plagas. La obstinación de Faraón impide una y otra vez la liberación. Vez tras vez, plaga tras plaga, el Faraón sigue rehusándose y endureciendo su corazón. No es sino hasta la décima plaga, la más severa de todas (la muerte del primogénito), que el Faraón accede a liberar a los hebreos.

El segundo ejemplo ocurre cuando los hebreos ya han obtenido la libertad. Diez veces los recién liberados se rebelan contra Moisés y contra Dios, incluso desean volver a ser esclavos en Egipto. El último de esos eventos sucede cuando están a punto de ingresar a la tierra prometida. Diez de los doce espías enviados al otro lado traen malas noticias y sobreviene una especie de rebelión:

Y unos a otros se decían: «¡Escojamos un cabecilla que nos lleve a Egipto!» (Números 14:4).

Tras esa última rebelión, Dios le informa a Moisés que su paciencia ha acabado. Pero Moisés intercede. Encontramos la respuesta de Dios solo unos versículos después. Lamentablemente en las versiones en español no encontremos reflejado el sorprendente detalle del número diez que aparece en el texto de Números 14:22 en el original hebreo, con la palabra *eser*, que debe traducirse por diez. Por eso tendremos que echar mano de una versión en inglés:

*"not one of those who saw my glory and the signs I performed in Egypt and in the wilderness but who disobeyed me and tested me **ten times**—* [23] *not one of them will ever see the land I promised on oath to their ancestors. No one who has treated me with contempt will ever see it."* (Numbers 14:22-23 NIV).

Así que, aunque Dios perdonó las diez huelgas, hubo una consecuencia para toda esa generación. Diez plagas, diez mandamientos y diez rebeliones. Una especie de patrón donde el límite de oportunidades es diez. Esto, para el contexto del Antiguo Cercano Oriente, es un gesto de gracia. Los dioses normalmente no dan segundas oportunidades. Aquí vemos a un Dios paciente, aunque con un límite. Con Jesús el límite se rompería para siempre. Incluso nos insta a perdonar siempre (70 veces 7) y su gracia no tiene límites.

LA MOTIVACIÓN

La ética de Israel estaba anquilosada en un hecho histórico, el éxodo. Y de este hecho se desprendían múltiples promesas para el futuro. Este modelo de liberación excluía la esclavitud, la pobreza, el abuso y aseguraba los derechos del extranjero. Su meta última era una sociedad equitativa mundial regida por esta ética del pacto, con cada familia libre de la pobreza y la opresión.[8] La motivación de Dios no era limitar al hombre luego de haberle proporcionado libertad; su motivación era proporcionarle las normas preventivas por medio de las

---

8   Millard C. Lind, *Low in the Old Testament, The Bible and Low,* Occasional Papers No 3, Institute of Mennonite Studies, 1982.

cuales aquella libertad recibida gratuitamente se protegería y se propagaría por toda la Tierra.

Notemos que en el Decálogo no hallamos normas para con nosotros mismos, pero sí podemos encontrar las normas que estructurarán nuestra adoración a Dios (relación con Dios) y a estas les siguen las responsabilidades para con el prójimo (relación con el prójimo). De este modo podemos empezar a ver el Decálogo como una hermosa senda que nos sabe guiar hacia una sana adoración a Dios y a una relación de paz con el resto de la humanidad.

LA ESTRUCTURA

Lo anterior puede hacerse patente con claridad al estudiar la estructura misma del Decálogo. La mayoría de biblistas coinciden en hablar de una versión "original" corta del Decálogo. Esa versión corta pudo haber sido la siguiente:

Yo soy Yahvé [tu Dios, que te liberó]

1. No tendrás otro Dios delante de mí.

2. No te harás ídolos.

3. No tomarás el nombre de Dios en vano.

4. No trabajarás el día sábado.

5. Honrarás a tu padre y a tu madre.

6. No matarás a tu prójimo.

7. No cometerás adulterio contra tu prójimo.

8. No robarás nada que sea de tu prójimo.

9. No darás falso testimonio contra tu prójimo.

82

10. No codiciarás la casa de tu prójimo.[9]

Con la auto presentación de Dios queda ratificada la liberación del ser humano. Acto seguido podemos observar que los primeros tres deseos de ese Dios libertador se refieren a la adoración. Y los siguientes siete deseos tienen que ver con el prójimo. El Decálogo contiene dos direcciones: Un "hilo" vertical que nos une con el Creador, y un "hilo" horizontal que nos une con el resto de la creación. A Yahvé se le rinde adoración, a la humanidad amor y respeto. El hombre vive *en comunión* con lo divino y *en armonía* con lo terreno.

Una y otra vez el texto nos protege del orgullo fariseísta que tanto daño ha causado a la iglesia. Una visión *verticalista* del Decálogo crea seres espiritualistas, ultra conservadores, legalistas o fundamentalistas; una visión *horizontalista* del Decálogo crea cristianos que olvidan que hoy tenemos acceso al poder de Dios por medio del Espíritu Santo.

<u>Equilibrio horizontal - vertical del Decálogo</u>

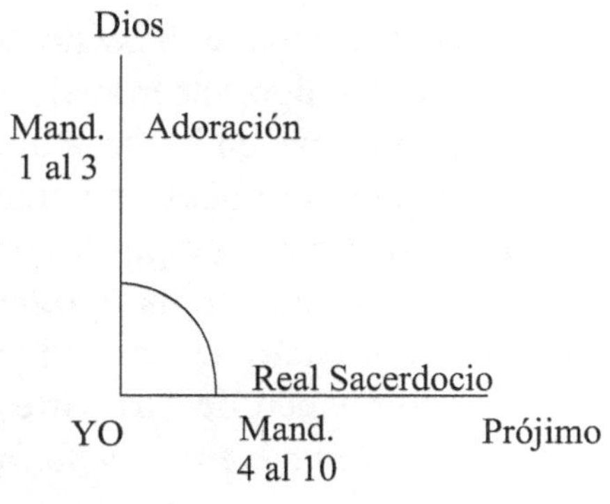

---

9   Edesio Sánchez, *Deuteronomio,* Comentario Bíblico Iberoamericano, Kairos, Buenos Aires, 2002, p. 125

La estructura del Decálogo se podría dividir en dos grandes áreas. Podemos llamar a la primera *obras de adoración,* compuesta por los primeros tres mandamientos, y a la segunda *obras sacerdotales,* compuesta por los restantes siete mandamientos. La fuerza impulsora del Decálogo es que toda la humanidad reciba gratuitamente la bendición y la libertad que el pueblo sacerdotal recibió por gracia divina. El conjunto de las cláusulas que componen el Decálogo no son otra cosa que un compendio de garantías para la libertad del ser humano.

Cada uno de los diez mandamientos es un verdadero regalo de vida. Jamás podríamos ver en el Decálogo un cuerpo legal que pretende esclavizarnos. En vez de eso, Los Diez Mandamientos, por su propósito y esencia, deberían llamarse: "Las Diez libertades o Carta de los derechos".[10] En palabras de Walter Brueggemann Los Diez Mandamientos son "la ruta del pueblo de hoy hacia la comunidad prometida".

LA FORMA

Por su forma, El Decálogo es diferente del resto de las ordenanzas que componen el Código Sacerdotal. Si leemos con detenimiento notaremos que en El Decálogo no hay amenazas, no se le recuerda al pueblo ninguna de las consecuencias que le acarrearía no cumplir las ordenanzas. A este tipo de leyes se las denomina *Apodícticas.* El resto de las leyes no *apodícticas* se denominan *Casuísticas.* Estas últimas se componen de dos partes: ley-consecuencia. Por ejemplo *"El que hiere a su padre*

---

10   *Opera Cit.* Edesio Sánchez, p. 138

o a su madre, morirá" (Éxodo 21:15). Las leyes *apodícticas* nos permiten ver el lado positivo de la norma. El Mandamiento no solo nos avisa que matar estará mal, sino que también nos garantiza que la voluntad de Dios es proteger nuestra propia vida. Si aplicamos esto a cada uno de los Mandamientos, obtendremos en pequeñas sentencias una idea básica de la intención del mismo. Veamos una propuesta:

1. No tendrás otro Dios delante de mí (Quiero tener una relación de amor exclusiva contigo).

2. No te harás ídolos. (Quiero protegerte de adorar dioses muertos).

3. No tomarás el nombre de Dios en vano (Tu Dios tiene un nombre poderoso).

4. No trabajarás el día sábado (Quiero que descanses de la esclavitud).

5. Honrarás a tu padre y a tu madre (Deseo que tus hijos te honren).

6. No matarás a tu prójimo (He ordenado que no te maten ni a ti ni a los tuyos).

7. No cometerás adulterio (Deseo que tu cónyuge no cometa adulterio).

8. No robarás (He ordenado que nadie robe tus posesiones).

9. No darás falso testimonio (He ordenado que nadie te levante falsos).

10. No codiciarás la casa de tu prójimo (He ordenado que nadie codicie tu casa).

Ahora podemos analizar cómo, cada uno de los mandamientos se transforma en un deseo positivo de Dios hacia nosotros. Este deseo de Dios, si lo ponemos en práctica, garantiza nuestra libertad, paz y bienestar en la vida terrena.

Jesús toma El Decálogo y lo coloca en un lugar de suma importancia. Cristo formuló la Gran Ley Apodíctica de todos los tiempos. Notemos que la misma estructura que analizamos en El Decálogo, se repite cabalmente en la formulación del Gran mandamiento de Mateo 22:37-39:

Amarás al Señor tu Dios con todo tu corazón, y con toda tu alma, y con toda tu mente. Este es el primero y grande mandamiento. Y el segundo es semejante: Amarás a tu prójimo como a ti mismo.

El primero concierne a la adoración, el segundo (Y Jesús señala que "es semejante" al primero) concierne a las relaciones con el resto de la creación. Meditemos unos momentos en lo que Cristo está haciendo. Lo primordial es la adoración a Dios, como lo decíamos desde el mismo inicio de este libro (Libertad-Adoración). Esa adoración es tan poderosa que produce libertad y vida abundante en nuestro corazón. La adoración es tan revolucionaria, que genera una imparable ola de pasión en el interior de los adoradores.

Observemos que los mandamientos 1 al 3 están resumidos en la primera sentencia del *Gran Mandamiento* dado por Jesús, y los mandamientos 4 al 10 se encuentran englobados en la segunda parte de la ordenanza de Cristo. Veámoslo en la siguiente imagen:

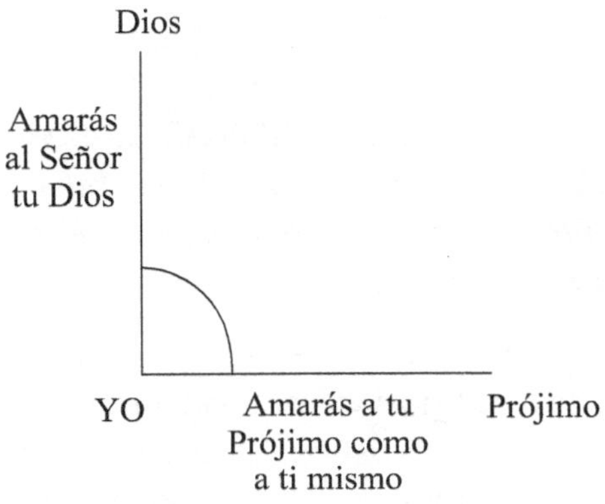

La ética del pacto es de misericordia. Nace del corazón de un Dios misericordioso. Y el pueblo del pacto sabe que vive en ese vértice enigmático, donde su comunión con Dios le provee vida y misericordia y, a su vez, los ciudadanos de ese vértice constituyen una fuente de misericordia para el mundo. Es decir, la orden de Jesús de pasar "a la otra orilla" (*transeamus contra*) y la necesidad de abrir las puertas y los brazos de la iglesia a todas las personas, sin distinción alguna, se encuentra también en el seno del Decálogo, de la misma manera que está en el centro del Gran Mandamiento de Jesús.

El teólogo alemán Eugen Drewerman, que fue suspendido del sacerdocio católico, se quejaba en su diálogo con Monseñor Jacques Gaillot, mencionado en las primeras páginas de este libro, de que la Iglesia no está abierta al verdadero diálogo. A la Iglesia le da miedo enfrentarse a las verdaderas cuestiones que enfrenta nuestra humanidad. La Iglesia se niega a pasar a la otra orilla, tiene miedo. ¿Qué afirma la Iglesia? —comenta Drewerman—, dice que Dios es amor, pero cuando las personas sienten el amor, la Iglesia se los prohíbe. Las personas buscan la libertad, pero, en nombre de Cristo, se les responde que nuestra iglesia no autoriza esa libertad. Si la Iglesia combate la sexualidad –continúa Drewerman– es porque esta ofrece a cada uno la libertad de creer en su propia persona. Tengamos pues –concluye–, el valor de no ver en la mujer a la persona que arrastra el pecado, sino a la que abre a la libertad.

Drewerman tiene razón en su crítica. Dios creó al ser humano, luego a la Iglesia. En ese sentido, la Iglesia debe estar al servicio de Dios y a favor del ser humano y no al revés. En el Nuevo Testamento Jesús nunca usa el lenguaje de los funcionarios, él se esmera en colocar a las personas por encima de cualquier institución.

A finales del 2018 Laura y yo fuimos convocados a un desayuno por el director del Movimiento de iglesias al cual pertenecíamos. Estábamos contentos, el líder principal del Movimiento quería pasar tiempo con nosotros, acercarse, conocernos más, saber cómo estábamos, pastorearnos. Al menos eso era lo que creíamos.

Pronto tuvimos que abandonar esa idea. Aquel señor abrió su iPad y empezó a mostrar archivos recopilados sobre nosotros. Videos de mis charlas, fotografías de personas de Interludio, tenía anotados nombres de miembros de nuestra iglesia y acusaciones anónimas (al menos eso decía) de personas que estaban "muy preocupadas" por nuestra forma de hacer iglesia. Ese es el procedimiento que realiza la Congregación para la Doctrina de la Fe (Antiguo Santo Oficio o Inquisición) para perseguir y silenciar a sacerdotes y teólogos sospechosos de herejía. Denuncias anónimas, un juicio previo en ausencia de los acusados y, por último, una notificación de culpabilidad.

Fue una reunión desconcertante. ¿Cuál era la preocupación más grande del Director Nacional de la organización eclesiástica? La institución. Le preocupaba lo que otras personas pudieran decir, quería proteger a la institución. La institución era más importante que las personas.

En el mismo diálogo entre Gaillot y Drewerman, éste último afirma: "La primera cuestión que hay que plantearle al hombre es ésta: ¿Eres tú mismo? ¿Qué se ha hecho de ti? ¿Cuáles son tus deseos más profundos? Y no: ¿Qué podemos hacer de ti? ¿Cómo podemos utilizarte, movilizar tus recursos? ¿Cómo podemos manipularte para que nos seas útil? Nunca fueron éstas las preguntas de Jesús". Y Monseñor Galliot comenta: "Creo que no se puede construir la iglesia de Cristo sobre el rechazo, sobre la exclusión".

Jesús toma el Decálogo, lo coloca en el centro de su Gran Mandamiento y nos ubica a nosotros (y a la Iglesia) en el vértice entre dos amores: el amor a Dios y el amor al prójimo. Esto no debería tener discusión.

Esta comprensión liberadora del Decálogo es el factor *yatsá* mencionado antes. Es imprescindible leer el Decálogo (y toda la Biblia) desde ese vértice apodíctico. La historia de la libertad bíblica se puede resumir en tres fases y en tres personas. *Moisés* es el que libera al pueblo de la opresión egipcia, es el símbolo de la liberación de la estructura y del sistema. Pero luego nos topamos con *Elías*, el profeta de la liberación íntima, de la liberación psicológica, de la liberación interior. Nos libera de nosotros mismos, de nuestros propios *demonios*. Finalmente nos encontramos con *Jesús*. Y en Jesús encontramos esa doble liberación, exterior e interior, y es quien finalmente, otorga sentido liberador al camino de la fe.

Para Xabier Pikaza[11] "La iglesia es anti-sistema, no por mimetismo o lucha (como si quisiera oponerse al sistema para ocupar su lugar), sino porque ha descubierto y quiere ofrecer algo que el sistema ignora: la libertad gratuita, el encuentro de amor, que se funda en Dios".

Es con toda esta carga liberadora que debemos internarnos, ahora sí, en cada una de las *Diez Palabras*, con la confianza y convicción de caminar en un terreno de amor que nos libera.

---

11   Sistema, Libertad, Iglesia. Ed. Trotta.

OBERTURA

PRIMERA PALABRA: *"No tendrás dioses ajenos delante de mí"* (Éxodo 20:3)

La primera sección del Decálogo se abre con cuatro enfáticos verbos en modo imperativo. *No* tendrás, *no* te harás, *no* te inclinarás, *ni* las honrarás. El primer anhelo de Dios tiene que ver con la actitud que espera de su pueblo en respuesta a su acción liberadora. Tal anhelo se promulga en clave de adoración. El primer mandamiento, pide que Israel tenga confianza únicamente en el Dios que lo sacó de la servidumbre de Egipto. Debemos fijarnos que, al entrar a esta ética, Dios no hace distinción entre las leyes culturales y las leyes de la vida cotidiana; el texto no separa lo religioso de lo social. Yahvé pide que su pueblo rompa con ciertos aspectos de su cultura, para que se distinga de las demás naciones. Una de estas distinciones tiene que ver con la adoración. Recordemos que el politeísmo o la adoración a múltiples deidades era lo común.

El impulso de este primer gran mandato nos hace reflexionar en la diferencia que existe entre monoteísmo y monolatría. O entre monoteísmo y henoteísmo. El henoteísmo o monolatría (del griego: heis, henos "un"; y theos "dios") es la creencia religiosa según la cual se reconoce la existencia de varios dioses, pero sólo uno de ellos es suficientemente digno de adoración. El monoteísmo, en cambio, se refiere al concepto que afirma que hay un solo Dios. La monolatría o henoteísmo, golpea el flanco de la adoración. "Amarás a un solo Dios". Podemos ver la dificultad de romper con la cultura politeísta a lo largo de todo el Antiguo Testamento. Una y otra vez, los hebreos comprometerían su promesa de adoración a Yahvé adorando otros dioses. Un ejemplo de eso lo podemos encontrar en Jeremías 2:28:

¿Dónde están, Judá, los dioses que te fabricaste?

¡Tienes tantos dioses como ciudades! ¡Diles que se levanten!

¡A ver si te salvan cuando caigas en desgracia!

¿TIENE DIOS UNA ESPOSA?

En Egipto la consorte de Osiris era Isis, en Babilonia la consorte de Marduk era Zarpanitum, en Ugarit la esposa de El era Aserá. ¿Tenía Yahvé una esposa?

En Kuntillet Ajrud, ubicado entre la frontera del sur del Negev y la península del Sinaí, se encontró una inscripción votiva con la siguiente frase: *"Yahvé de Samaria y su Asherah"*. ¿Su Aserá? Aserá era una diosa de Canaán y debemos tomar en cuenta que Yahvé está relacionado con el dios El, común en todo Canaán. Es por eso que muchos nombres, llamados teóforos, utilizan esta palabra: Dani-el, Natana-el o Grabri-el. También los topónimos como Bet-el utilizan el nombre del dios El. Y la consorte del dios El en Canaán era Aserá. No es entonces casualidad que se asocie a Yahvé con una consorte llamada Aserá. Aserá tuvo un papel muy importante en el desarrollo de la adoración de Israel. 2ª Reyes 21:7 es un ejemplo de lo arraigada que estaba y de la insistencia del pueblo en seguirla asociando con Yahvé:

Tomó la imagen de la diosa Aserá que él había hecho y la puso en el templo, lugar del cual el Señor había dicho a David y a su hijo Salomón: «En este templo en Jerusalén, la ciudad que he escogido de entre todas las tribus de Israel, he decidido habitar para siempre.

Básicamente lo que el mandamiento nos dice es que no debemos mirar otros dioses. El énfasis recae en que los otros dioses no tienen la más mínima relevancia. Si existieran, no importan para nosotros. Entonces, entenderemos este primer mandamiento como una proposición de Dios que nos invita a tener una relación íntima con él. Una relación de adoración. Yahvé es el *único* Dios y Señor de Israel porque fue el *único* dios que se interesó y se atrevió a sacar de la esclavitud y la opresión a un grupo de esclavos. [12]

UN BESO DE DIOS

Literalmente el hebreo se lee así: "No pondrás otro dios frente a mi cara". El vocabulario tiene que ver con una relación de intimidad. Él quiere tener una relación "cara a cara" con nosotros. Y no quiere que entre su rostro y el nuestro se interpongan otros rostros. No se trata de una relación de preferencia, sino de exclusividad. La adoración y la justicia están estrechamente ligadas. El salmo 100 nos demuestra que la adoración es una fuerza destructora de ídolos. Con sus siete imperativos, el salmo 100 nos vuelve a ubicar en el lugar adecuado que nos pertenece, entre Dios (línea vertical) y los hombres (línea horizontal). Es por eso que cuan-

---

12   *Op. Cit.* Edesio Sánchez.

do la celebración cultual de nuestras iglesias deja de ser una experiencia de adoración, se convierte en una experiencia idolátrica. Es cuando empezamos a ver a otros seres humanos como verdaderos portadores de la gracia que solo confiere Dios. Si volviéramos a interponer un ser humano entre Dios y nosotros, volveríamos los ojos a las doctrinas y al exhibicionismo. Este primer enfático imperativo del primer mandamiento es la obertura del Decálogo. Si existen otros dioses, de todas maneras, Yahvé es el que nos ha liberado y, por tanto, elegimos adorarle solo a él.

El profesor Mervin Breneman, nos plantea dos importantes preguntas que todos debemos hacernos sobre este mandamiento: ¿Qué implica hoy poner a Dios primero? ¿Qué implica hoy amar a Dios con todo el corazón? El autor nos insta a reflexionar: "el humano debe estar relacionado con la realidad absoluta (Dios); si no, siempre absolutiza realidades parciales".[13] Toda ética cristiana debe empezar con el primer mandamiento, he ahí la importancia de la adoración.

---

13   José Luis Sucre, *Los dioses olvidados,* Cristiandad, Madrid, 1979, mencionado por Mervin Breneman.

LA MELODÍA EN STACCATO

SEGUNDA PALABRA: *"No te harás imagen, ni ninguna semejanza de lo que esté arriba en el cielo, ni abajo en la tierra, ni en las aguas debajo de la tierra. No te inclinarás a ellas, ni las honrarás..."* (Éxodo 20)

A la obertura le sigue una melodía imponente, impetuosa: la sinfonía del Decálogo se ha abierto con un estruendo poderoso. Los tres siguientes verbos en imperativo se desprenden de la obertura a golpe de staccato[14]. Tres contundentes verbos estructuran la armonía de nuestra adoración. No te *harás*, no te *inclinarás*, ni las *honrarás*.

El imaginar –acción que genera imágenes–, es parte de la naturaleza misma del hombre. En casi todas las religiones del mundo, la figura representativa de Dios es un elemento céntrico. Pero solo la ingenua religiosidad popular confunde la imagen con la divinidad. Entenderemos la dinámica de este mandamiento analizándolo parte por parte. La melodía está compuesta por tres poderosos acordes que la orquesta ejecuta con extrema vivacidad. Vale la pena verlos cada uno por separado.

---

14   Término musical que indica una serie de notas rápidas ejecutadas con brío. Cada una de las notas debe destacarse de las demás.

NO TE HARÁS IMAGEN

Ciertos movimientos judíos y musulmanes entienden este mandamiento como una prohibición en contra de cualquier arte representativo. Ellos entienden que no se debe crear ninguna imagen alegórica de nada ni terrenal, ni supra terrenal, ni infra terrenal. Pero lo que realmente podemos ver en este primer acorde, es una prohibición directa y categórica de la elaboración de imágenes que procuren *representar a Yahvé*. Dios no es parte de la creación, por lo tanto, esta nunca podrá representarlo cabalmente. La naturaleza no posee nada material que se pueda semejar ni a la esencia ni a la sustancia de Dios. Es demasiado fácil representar a un dios con imágenes hechas a partir de la misma creación. Eso es invertir el orden Creador-creación. Es usurpar el lugar que solo le pertenece a Dios. Todo intento de representar a Dios en una imagen de cualquier índole solo logra rebajar la gloria de nuestro Dios. Dios ya tiene su imagen representativa en la Tierra: el ser humano, que fue hecho "a su imagen y semejanza". Y esa imagen humana de Yahvé se concreta a la perfección en Jesucristo.

Dios no permite que otras imágenes lo representen. El ser humano quiere hacer a Dios a su propia imagen, quiere un dios que pueda manipular. El hombre quiere adorar el producto de sus propias manos.[15] Pero Dios afirma en Deuteronomio 4:12: *Entonces el Señor les habló desde el fuego, y ustedes oyeron el sonido de las palabras, pero no vieron forma alguna; solo se oía una voz.* Este primer acorde es muy importante a la hora de estructurar nuestra adoración. No se tratará del cantante

---

15   *Op. Cit.* Mervin Breneman

en la iglesia, tampoco de sus habilidades musicales, no se tratará de la canción misma, solo se tratará del amor de Dios hacia nosotros y del nuestro hacia él. En esa relación de profunda intimidad hay libertad. Si anteponemos la estructura, la denominación o la iglesia, habrá opresión.

NO TE INCLINARÁS

El segundo golpe de *stacatto* amplía el primero. Hasta ahora la prohibición estriba en la creación de imágenes que representen a Dios. Pero a partir de este segundo acorde el mandamiento es ampliado y se agrega la prohibición de adorarlas. Como vimos en el versículo de Deuteronomio mencionado anteriormente, la palabra (obra) de Dios es más que suficiente. Con ella nos basta para conocerle, para relacionarnos con él y para hacer su voluntad. Por eso la línea vertical con la que explicábamos la estructura del Decálogo, no tiene intermediarios. El creyente está unido a Dios solo a través de Cristo, y al resto de la sociedad en una relación de paz.

NI LAS HONRARÁS

El tercer y último acorde que compone esta sección es interpretado con gran ímpetu. Y aun amplía más el segundo. Primero Dios prohíbe la fabricación de imágenes (primer acorde), luego prohíbe inclinarse ante ellas (adorarlas), seguidamente viene la garantía que circunda a las precedentes prohibiciones. La unión de los acordes compone la melodía de la adoración; al suprimir o deformar uno solo de ellos, la sinfonía se tornará en algo distinto del plan del autor. Desafinará y en el peor de los casos romperá la relación que tiene con su autor, convirtiéndose en algo completamente ajeno a él.

Este tercer acorde alude al Dios celoso, en hebreo: *El Kaná*. En varias escenas de la Biblia ese Dios fuerte y celoso, y su santidad es expresada con fuego que consume y devora. Son cualidades que perjudican y devoran a las personas que se ponen en contacto con ellas.

No te inclines delante de ellos ni los adores. Yo, el Señor tu Dios, soy un Dios celoso. Cuando los padres son malvados y me odian, yo castigo a sus hijos hasta la tercera y cuarta generación (Éxodo 20:5).

¿Quiénes son los que le odian? Aparentemente son los hacedores de imágenes, los idólatras, los religiosos. La religiosidad se ampara en fórmulas que sustituyen la relación íntima con Dios, busca la autoridad de la Iglesia para solventar su incapacidad de relacionarse directamente con el Señor y otorga a otros seres humanos cualidades que solo le confieren a Dios.

El factor *yatsá* de este mandamiento radica en que solo seremos libres si tenemos una relación íntima con Dios. Si permitimos que el Sistema-Templo o el Sistema-Sacerdocio se interponga entre Dios y nosotros, quedaremos cautivos del sistema y ya no seremos libres.

La iglesia no es idólatra porque tenga imágenes de santos o crucifijos con el Cristo sangrante y agónico colgado de ellos. La Iglesia comete idolatría cada vez que se ama más a sí misma, a sus normas, su propio sistema, cada vez que defiende más a sus líderes y pastores, a sus sacerdotes y obispos, que a las personas necesitadas, sean estas creyentes o no.

La iglesia "odia" a Dios cada vez que oculta los abusos sexuales de los pastores y sacerdotes, o que esquiva las responsabilidades que le tocan en la tragedia del abuso sexual. Mientras escribo estas líneas, en el Vaticano, Jorge Mario Bergoglio, Papa Francisco, organiza con urgencia una Cumbre sobre la pederastia en la Iglesia. *"Los invito a orar por esta reunión, que considero un acto de fuerte responsabilidad pastoral ante un desafío urgente de nuestro tiempo"*, solicitó Francisco. Los líderes de las 113 conferencias episcopales del mundo, así como superiores de las congregaciones y grupos de víctimas de curas pederastas, cerca de 200 personas, fueron convocados por el pontífice argentino para la reunión. *"Es el momento de la verdad. Aunque de miedo y nos humille"*, reconoció en una conferencia de prensa el arzobispo maltés Charles Scicluna. Esta será la primera cumbre de este tipo en la historia del Vaticano, porque durante décadas, quizás siglos, el pecado de la pederastia y del abuso sexual fue relegado a un segundo plano, para proteger al sistema, a la Iglesia. Eso es idolatría.

La semana pasada estalló la noticia sobre una investigación, que revela la atrocidad de cientos de abusos sexuales cometidos en la Iglesia Bautista de Estados Unidos. Al menos 380 líderes de la Iglesia Bautista del Sur, enfrentaron algún tipo de acusación por conducta sexual inapropiada, que dejaron en las últimas dos décadas más de 700 víctimas, algunas de ellas de apenas 3 años de edad. El encubrimiento de este pecado para salvaguardar la imagen de la Iglesia Bautista, es idolatría y encaja en la descripción de este mandamiento como "odiar" a Dios.

Esta misma noche en que escribo, me llega la feliz noticia de la rehabilitación del sacerdote y poeta nicaragüense Ernesto Cardenal. El 4 de marzo de 1983, el cura Cardenal fue humillado públicamente por Juan Pablo II en el aeropuerto de Managua, en castigo por sus posiciones políticas de izquierda. Hoy, 36 años después y a los 94 años del sacerdote, el Papa Francisco le informa del levantamiento de la suspensión *a divinis* (prohibición de administrar los sacramentos).

LA IGLESIA IDÓLATRA

Cada vez que la Iglesia se defiende a sí misma, defiende sus ideas, su estructura o su propia dignidad por encima de la dignidad de la gente, ofende la dignidad del amor de Cristo y peca. ¿Cuál es el mayor ídolo de la iglesia de hoy? Ella misma. La iglesia se ha erigido en su propio ídolo. Y no me refiero solo a la Iglesia de Roma, sino a cada iglesia que ha confundido su función. La que se ha quedado en el paradigma Sistema-Templo y no desea pasar "a la otra orilla". Ella se ve a sí misma como una diosa, como todopoderosa y quien decida criticarla, cuestionarla o señalarla, ella lo convierte en hereje.

Dentro de ese gran ídolo que es la iglesia, podemos encontrar pequeños ídolos: esos seres humanos que se han creído mesías o dioses. Esos pastores que piensan que son una extensión de la divinidad y que merecen pleitesía. Los actuales auto llamados "apóstoles" o "profetas", son ídolos que se adoran a sí mismos y exigen honra. Finalmente, encontramos que una feligresía evangélica fundamentalista, se considera a sí misma la única salvadora de la sociedad y exige poder político para imponer sus ideas particulares sobre toda la sociedad.

Ideas políticas maridadas con la supremacía cristiana, blanca, machista, homofóbica y xenófoba, eso también es idolatría.

La iglesia idólatra desea ser la imagen de Dios en la Tierra, pero su verdadera misión es ser la imagen del amor de Dios en la Tierra. La iglesia no es Dios ni es la imagen de Dios. La Iglesia es, más bien, el cuerpo de Cristo y la imagen del amor de Cristo. ¿Cómo puede la iglesia sanar su inercia centrípeta de adoración a sí misma?

EL CÍRCULO DORADO

Simon Sinek, en una charla TED llamada *"How great leaders inspire action"*, que ha sido vista por más de 25 millones de personas, propone una manera muy sencilla pero profunda para dejar de errar el blanco. Aunque su charla va a dirigida a líderes en general y a marcas o compañías comerciales, podemos aprender mucho de ella. Sinek utiliza lo que llama *Círculo Dorado*.

Normalmente las iglesias se describen a sí mismas de afuera hacia dentro del círculo. Eso quiere decir que lo más importante para esas iglesias es definir su *qué*. Así, se enfrascan en demostrar su ADN denominacional y doctrinal. Somos católicos, somos evangélicos, somos luteranos, somos bautistas, somos pentecostales, somos Hillsong, somos Bethel, somos Vineyard…, y podemos continuar con una lista casi infinita. El efecto primordial de esto es la división y separación. El sectarismo aparece aquí, unos y otros piensan que su *qué* es el mejor, el verdadero, el más correcto y el que contiene la verdad de Dios mejor conservada. Aquí hay idolatría del *qué* y cada denominación defenderá su estructura y sus intereses por encima de la dignidad de las personas, cometiendo idolatría.

El segundo paso en su descripción es el *cómo*. Este también es un talón de Aquiles para muchas iglesias. Su afán por encontrar el método perfecto y el programa perfecto, suele obligarlas a gastar demasiado dinero, tiempo y esfuerzo en cuestiones de estilo. El *cómo,* también se manifiesta en la necesidad constante de definir las cosas: así es como hay que adorar, así es como hay que predicar, así es como hay que tomar la Comunión, así es como hay que discipular… Todos los *cómos* se convierten en ídolos, cuando las iglesias desconocen el paso más importante para describirse a sí mismas.

El paso verdaderamente importante es el que pocas veces se da: el *por qué*. Saber por qué debe existir la iglesia es esencial. ¿Qué le pasaría a nuestro barrio, ciudad o país si no existiera nuestra iglesia? ¿Seguiría igual? ¿Para qué es necesaria nuestra iglesia en el barrio, ciudad o país? Responder a esta pregunta es mucho más difícil que la simple perorata de los *qués* y los *cómos*. Si la iglesia sabe por qué debe existir, el *qué* y el *cómo* no serán un problema. Eso quiere decir que, como dice Simon Sinek, siempre debemos comenzar por el *por qué*.

En Interludio hicimos esta tarea y comprendimos que nuestra iglesia existe porque tiene un llamado muy específico.

Seguir a Jesús y ser una comunidad reconciliadora y un refugio que integra a todas las personas sin distinción alguna (2ª Corintios 5:8; Hechos 10:34; Romanos 2:11; Gálatas 2:6, Josué 20:1-9).

EL PATRÓN DE FREEDMAN

Antes de continuar con los próximos ocho Mandamientos, debemos detenernos por unos instantes a analizar lo que he llamado *El patrón de Freedman*. David Noel Freedman, fue un gran biblista y profesor de hebreo en la Universidad de California. Editor general y colaborador de la renombrada serie *The Anchor Bible*.

En 1991 el profesor Freedman dio una elogiada conferencia en la Universidad de Oslo titulada *"La simetría de la biblia hebrea"*. Esa simetría sería la semilla de un curioso descubrimiento sobre el Decálogo que desarrollaría tiempo después.

Escondido en la Biblia, hay un patrón que había pasado desapercibido por más de dos mil años. El patrón inicial es el siguiente:

mandamiento* → *violación del mandamiento* → *exilio

Este patrón aparece muy pronto en la Biblia, de hecho, desde el mismo comienzo. Cuando Dios creó a Adán le dio solo un Mandamiento *"Puedes comer de todos los árboles del jardín, pero, del árbol del conocimiento del bien y del mal no deberás comer. El día que de él comas, ciertamente morirás."* (Génesis 2:16-17). Adán y Eva violaron ese mandamiento (Génesis 3:8) y su destino fue el exilio del Jardín del Edén (Génesis 3:23). El mismo patrón lo podemos ver en el caso de Caín y Abel. Ya en Génesis 4:7, Dios le dice a Caín que debe *"hacer lo bueno"*, pero Caín mató a su hermano (Génesis 4:8) y el resultado de esa violación fue el exilio (Génesis 4:14). Lo mismo sucede con Israel, una vez que violó progresivamente los Mandamientos, terminó experimentando el exilio de la tierra prometida.

Como vimos antes, el número diez puede representar el límite de la paciencia divina en el Antiguo Testamento. Diez plagas, diez mandamientos, diez rebeliones de Israel y, finalmente, el exilio. En este último caso, el patrón se vería así:

Diez mandamientos* → *violación de los mandamientos* → *exilio

El patrón se pone aún más interesante cuando lo vemos en la práctica. Los Diez Mandamientos son dados en el libro de Éxodo, que es el segundo libro de la Biblia y en el que se rompen los primeros dos Mandatos. A partir de ese segundo libro de la Biblia, cada uno de los Mandamientos se irá rompiendo en orden. El tercer Mandamiento en el tercer libro de la Biblia (Levítico), el cuarto Mandamiento se romperá en el cuarto libro de la Biblia (Números) y así continuará hasta agotar la paciencia de Dios y acabar en el exilio.

El resultado es una serie crímenes con sus correspondientes castigos como vemos en la siguiente tabla:

	MANDAMIENTO	RUPTURA Y CONSECUENCIA
1	1 y 2 No tendrás otros dioses ni harás imágenes	Éxodo 32:2-6
2	3 No tomarás el nombre de Dios en vano	Levítico 24:10-23
3	4 Acuérdate del día de descanso	Números 15:32–36
4	5 Honra a tu padre y a tu madre	Deuteronomio 21:18-21
5	6 No robarás	Josué 7:20-26
6	7 No matarás	Jueces 19-21
7	8 No cometerás adulterio	2ª Samuel 12: 11–12
8	9 No darás falso testimonio	1ª Reyes 21 2ª Reyes 9:30-37

Por el momento, solo debemos acercar el lente de nuestra atención al patrón de Freedman correspondiente a los primeros dos mandamientos, que son los que hemos comentado hasta aquí.

Los primeros dos mandamientos, se rompen en el segundo libro de la Biblia, que es el Éxodo. Se rompen de forma simultánea, ambos a la vez. La mayoría conocemos la historia. Moisés estaba en lo alto del monte Sinaí y Aarón organizó una especie de fiesta al pie de la montaña. Mandó fundir las joyas de oro de los israelitas y con ellas mandó crear una imagen de un toro y comenzaron a adorarlo. *Cuando Aarón vio esto, construyó un altar enfrente del becerro y anunció: —Mañana haremos fiesta en honor del Señor* (Éxodo 32:5). Y de esa manera Aarón y todo el pueblo violaron los dos primeros Mandamientos en un santiamén.

EL DIOS-TORO

¿Por qué un toro? Aarón y los hebreos aún conservaban las costumbres cultuales comunes del Antiguo Cercano Oriente. El toro simbolizaba fuerza y virilidad. Los egipcios relacionaban el toro *Apis* con el rey. En Mesopotamia se adoraba al dios *Sin*, que era un dios en forma de toro. Este debió de ser el dios que adoraba Abraham en Ur. Uno de los epítetos del dios *El* (que siempre se relaciona con Yahvé) era el de *Toro-El*. Todo esto nos ayuda a comprender, que lo que estaba sucediendo al pie del monte Sinaí no era algo inverosímil. El pueblo estaba habituado a pensar en Dios como un toro.

LA FIESTA

Moisés va descendiendo a toda prisa, sabe que algo malo está ocurriendo en el campamento y lo primero que escucha lo describe así: *Lo que escucho no son gritos de victoria, ni tampoco lamentos de derrota; más bien, lo que escucho son canciones* (Éxodo 32:18). Estaban cantando y bailando, era una gran fiesta en honor al toro de oro, que habían descrito como el dios que los sacó de Egipto (Éxodo 32:4). Esto era una confrontación directa contra Yahvé.

Pero hay algo más, Moisés no solo se encuentra con una escena de festividad idolátrica. Algunos autores sospechan que esa festividad contenía un componente altamente sexual. En Éxodo 32:6, se describe el acontecimiento como una "diversión". Pero la palabra hebrea que aparece ahí (*tsiheq*) parece tener connotaciones sexuales. El gran comentarista judío, el rabino Rashi (1040-1105), llega a esa conclusión al encontrar la misma palabra en una escena erótica del Antiguo Testamento. La escena está en Génesis 26:8 cuando Abimelek, se asomó por la ventana del lugar donde estaban Isaac y Rebeca y vio cómo el la "acariciaba" de una manera sexual.

Sin embargo, aquí lo más importante que debemos entender, es que lo que rompe el Mandamiento no es la música, el baile o la fiesta, incluso si ésta tuviera connotaciones sexuales. Lo que rompe el Mandamiento es haber concedido al toro de oro las facultades de Yahvé como el liberador. Es decir, la idolatría no es la imagen misma, no es el canto, el baile o la fiesta a su alrededor, sino la adjudicación de los portentos de Yahvé al toro.

Es notorio que el lenguaje que usa Moisés en Éxodo 32:8, tiene un paralelismo exacto con el lenguaje que usa Yahvé al promulgar los Mandamientos 1 y 2, en Éxodo 20:4. Moisés lo describe así:

¡Qué pronto se apartaron de la forma en que les ordené que vivieran! Fundieron oro y se hicieron un becerro, y se inclinaron ante él y le ofrecieron sacrificios. Andan diciendo: Oh Israel, estos son tus dioses que te sacaron de la tierra de Egipto (32:8).

La consecuencia es terrible. Moisés manda pulverizar el toro de oro, lo disuelve en agua y lo da a beber a la gente. Posteriormente ordenó a los levitas matar a todos aquellos que habían sido cómplices en el crimen. *... maten a todos, incluso a sus hermanos, amigos y vecinos.* (Éxodo 32:27). El texto nos da la noticia de que ese día murieron más de 3 mil personas. Los dos primeros mandamientos se rompen en el libro número dos de la Biblia. Hubo consecuencias, pero Dios perdonó al pueblo. Sin embargo, este era solo el inicio de una historia descendente. Un pueblo libre que fue rompiendo todos los Mandamientos, uno a uno, hasta terminar en el exilio. Continuamos.

EL INTERLUDIO

TERCERA PALABRA: *"No hagas mal uso del nombre del Señor tu Dios"* (Éxodo 20:7)

La gran *Sinfonía del Decálogo* llega a un momento sublime. Como en toda buena obra musical, el silencio juega un papel indispensable. El mandato de no tomar el nombre de Dios en vano debe hacernos reflexionar acerca de ese Nombre. Es el Nombre del Rey a quien adoramos. Para las culturas del Antiguo Cercano Oriente, la importancia del nombre era algo que quizás nos cuesta comprender. El nombre de alguien lo calificaba, lo describía; no solo lo designaba y lo nombraba, sino que de una vez el nombre poseía la esencia de la persona. Así, cuando Dios le cambiaba el nombre a alguien, le estaba dando una nueva identidad, un nuevo propósito.

En el Antiguo Testamento, podemos encontrar múltiples nombres de Dios. Todos ellos se derivan de acciones divinas, excepto uno: YHVH (Yahvé). Este nombre, que no designa propiamente una acción particular de Dios, es el que encierra toda la expresión de su esencia. El *tetragrámaton* como es llamado, por estar compuesto por cuatro letras, es el nombre más sagrado de Dios. Estas cuatro consonantes que componen el nombre divino proceden del verbo sustantivo-existencial *hayah*. La traducción más propia podría ser *"Es-era-será"*.

La tradición judía nos ha enseñado mucho acerca del respeto a este sagrado nombre. Dicha tradición prohibía pronunciarlo o escribirlo sustituyéndolo generalmente por *Adonay* (Señor). Aun en épocas más recientes, cuando un niño estaba aprendiendo a leer en el hebreo se le enseñaba a sustituir, de forma sistemática, el tetragrámaton por *Adonay*. Es decir, aunque el niño veía las letras de Yahvé en el texto, debía pronunciar *Adonay*. Hoy la mayoría de judíos evitan pronunciar el Nombre de Dios y lo sustituyen por *Ha Shem* (El Nombre).

Tomar el nombre de Dios en vano, literalmente: "No levantarás el nombre de Yahvé para vanidad", posiblemente tiene que ver, en su esencia, con no tomar un juramento en el nombre de Dios. Realmente el mandato nunca nos prohíbe pronunciarlo. La función fundamental del mandamiento dentro del pueblo de Dios va mucho más allá que la simple acción de tomar juramentos. Otros comentaristas piensan que el rompimiento de este tercer Mandamiento tiene que ver con jurar en el nombre de Dios *mintiendo*. Los antiguos, como nosotros, tenían grandes dificultades para saber cuándo alguien estaba mintiendo. Así que este Mandamiento impondría un cierto temor en el corazón, una especie de sensor interno que haría que las personas lo pensaran dos veces antes de mentir.

El mismo lenguaje de la Biblia aquí resulta pesado, potente, denotando suma importancia. El hebreo habla de cosas que son pesadas y cosas que son livianas. Una cosa pesada no se refiere a su peso físico sino a su importancia moral y espiritual. Una palabra pesada es confiable, inamovible, importante. Lo que el versículo quiere decirnos es que nosotros nunca deberíamos usar el nombre de Dios como algo liviano, como algo sin importancia.

El lado positivo del mandamiento sigue la línea de la adoración. Si conocemos el nombre de Dios, su esencia y significado, su peso e importancia, entonces se destaca el efecto positivo de respetar el nombre de Dios con nuestras vidas, para darle gloria a Él. Esta visión del tercer mandamiento vuelve a protegernos de nuestra natural soberbia y orgullo. Esa tendencia que opaca la gloria de Dios y mancha la iglesia. *No a nosotros, oh Señor, no a nosotros sino a tu nombre le corresponde toda la gloria, por tu amor inagotable y tu fidelidad* (Salmo 115:1).

Este tercer mandamiento marca el vértice del Decálogo. Los dos primeros se referían a la adoración (línea vertical), los siete últimos nos hablarán acerca de la relación con el prójimo (línea horizontal), pero este mandamiento se ubica en el centro, en el vértice; entre la adoración, la honra y la glorificación de Dios y el efecto que produce ese amor y esa entrega, que es la búsqueda de relaciones de paz con el resto de la creación. Es decir que, si entendemos bien este mandamiento, deberemos respetar no solamente la onomástica del nombre de Dios, sino el efecto de la filiación que tenemos con él.

Para la iglesia de hoy no puede pasar desapercibido el nombre que representa. El tercer mandamiento también es un desafío para la Iglesia. Porque en nombre de Dios y a través de la Iglesia se han cometido atrocidades. La Iglesia ha tomado el nombre de Dios en vano cada vez que ha tomado partido por la injusticia.

En nombre de Dios se han violentados los derechos de las mujeres. Aún la mujer no es libre ni en la sociedad ni a lo interno de la iglesia. Y la iglesia, para tomar el nombre de Dios en serio, debe garantizar la igualdad absoluta entre todos los hombres y todas las mujeres.

Cada vez que la iglesia perpetúa el sistema patriarcal que garantiza el derecho de autoridad de los hombres sobre las mujeres, deshonra el nombre de Dios y peca. Cada vez que la Iglesia predica el sometimiento de la esposa al marido, ignorando la rigurosa interpretación del Nuevo Testamento, traiciona el nombre de Dios. También se toma el nombre de Dios en vano cada vez que la Iglesia enseña una división del trabajo basada en género, cada vez que el salario de una mujer es inferior al de un hombre en su mismo puesto.

Cada vez que la Iglesia participa de la injusticia, cuando se enfila ceñida hacia la conquista del poder político para imponer su moral particular y legislar en el nombre de Dios a todas las personas, convirtiéndose en dueña de las conciencias y jueza de las almas, violenta el tercer mandamiento y toma el nombre de Dios en vano.

EL PATRÓN DE FREEDMAN

El tercer Mandamiento es roto en el tercer libro de la Biblia, que es Levítico. Una lista aparentemente infinita de leyes se ve interrumpida por un acontecimiento terrible. Es la historia del rompimiento del tercer Mandamiento.

En Levítico 24:10-23, un hombre anónimo ha cometido blasfemia contra Dios. En la narración el nombre de Dios ha sido sustituido deliberadamente por *ha shem* (el nombre), para no pronunciar ni escribir el verdadero nombre de Dios. Esta es la única vez en toda la Biblia que se utiliza esa referencia para nombrar a Dios. Parece que el autor está muy preocupado con el asunto del mal uso del nombre divino.

El perpetrador es anónimo. Un hijo de padre egipcio y madre israelita. No es difícil imaginar lo simbólico del asunto. Los egipcios habían oprimido y esclavizado a los israelitas y el Dios de Israel había humillado a Egipto y sus dioses. Este hombre tuvo una pelea con otro hombre, esta vez hijo de padre y madre israelita. Al parecer el altercado escaló violentamente según la palabra hebrea empleada (*natsah*). En medio de la violencia física también hubo mucha violencia verbal y lo que comenzó como una simple diferencia entre dos individuos pudo convertirse en un asunto de interés colectivo. Un medio egipcio ofendió a Dios con sus palabras. Aquí hay un brote de xenofobia que conduce a un grupo de personas que se sienten puras (completamente israelitas) a tomar represalias contra una persona que consideran impura (medio egipcio). Las personas que escucharon las palabras violentas del medio egipcio lo llevaron a Moisés con la acusación de haber blasfemado contra el nombre de Dios.

Como los Mandamientos del Decálogo son leyes apodícticas, no tienen consecuencias definidas. Así que Moisés, procede de la misma manera que en el caso de los primeros dos Mandamientos, cuando consulta a Dios en secreto y luego aparece listo para dictar sentencia: el hombre anónimo será apedreado por toda la comunidad hasta morir.

Pensemos un momento en la manera en que se han impuesto los castigos a los dos casos descritos hasta ahora. Los Diez Mandamientos no contienen ningún castigo, no describen consecuencias, son consejos para vivir mejor. Son los mismos israelitas los que solicitan a Moisés que imponga las penas.

La Iglesia ha tomado el papel de jueza y la feligresía actúa como los israelitas que solicitan penas para los que ellos consideran merecedores de un castigo. Muchas iglesias tienen miedo de pasar *a la otra orilla,* o de *abrir sus puertas,* no porque crean que Dios se enfurecerá contra ellas si así lo hacen, sino porque temen que los creyentes conservadores se levanten de sus sillas y se marchen.

Parece una contradicción que, en los países con más retos por el arribo de miles de inmigrantes, sea el ala más conservadora del cristianismo, la que se oponga a dar acogida a quienes vienen buscando ayuda. Los mismos cristianos, en su versión fundamentalista, son los que apoyan las ideas de tolerancia cero y de construcciones de muros entre países. Es esta iglesia fundamentalista, la que impide que las personas LGBTI tengan participación en la vida comunitaria de fe, abogan por leyes que los discriminen y por una educación sexual basada en la ideología patriarcal cristiana conservadora. Todo esto lo hace en nombre de Dios, rompiendo el tercer Mandamiento y usurpando el lugar que solo le pertenece al Señor.

En la parábola del trigo y la cizaña, Jesús hace alusión a esa mala costumbre de la iglesia cuando se desempeña como tribunal. A la pregunta de los segadores de si deben separar el trigo de la cizaña (Mateo 13:28),

Jesús replica categóricamente: *¡No! —les contestó—, no sea que, al arrancar la mala hierba, arranquen con ella el trigo"* (Mateo 13:29). El remate es aún más serio: *Dejen que crezcan **juntos** hasta la cosecha* (Mateo 13:30, el énfasis es nuestro). El tercer mandamiento se ha roto en el tercer libro de la Biblia. Continuemos.

EL ADAGIO

CUARTA PALABRA: *"Acuérdate del día de reposo para santificarlo"* (Éxodo 20:8)

El libro de Éxodo, destaca el día de descanso porque Israel va hacia la tierra prometida, donde ha de imitar a Yahvé y no a los dioses de Canaán. Un aspecto cultural de Canaán es la creencia de que los humanos fueron creados para desempeñar el trabajo pesado que los dioses no querían hacer. Es decir, el hombre era esclavo desde el principio. El primer motivo de este mandamiento es la imitación del reposo de Dios. La creación debe descansar. ¿No es sorprendente que el primer mandamiento, luego de la adoración, nos ordene descansar? En Deuteronomio se nos da otro motivo para la práctica del día de reposo.

Recuerda que fuiste esclavo en Egipto, y que el Señor tu Dios te sacó de allí con gran despliegue de fuerza y de poder. Por eso el Señor tu Dios te manda observar el día sábado (Deuteronomio 5:15)

Nos recuerda que Israel no tuvo descanso durante su esclavitud en Egipto. El trabajo era pesado y riguroso. No había días de descanso, ni fines de semana, ni vacaciones. Entonces, el motivo real de la observancia del día de reposo no es solamente la imitación de Dios, sino el descanso para recordar que Dios los había liberado de la esclavitud. El descanso es la segunda gran libertad. ¿No es maravilloso que Dios incluya en el Decálogo la orden de descansar? Notemos que ya casi hemos llegado a la mitad del Decálogo, y todos los mandamientos han sido de fácil aplicación y para beneficio nuestro.

En diferentes momentos éticos de la Ley (Torah), este mismo motivo sirve de inspiración para otros comportamientos que van más allá del día de reposo. Por ejemplo, cuando Israel recibe legislación acerca de cómo tratar a los extranjeros que están en sus tierras –un tema muy oportuno para el mundo de hoy–, se ofrece el bellísimo motivo *"porque recuerden, ustedes también fueron extranjeros"*. Hay que responder a los más vulnerables en nuestro medio, aunque ellos no compartan la nacionalidad, cultura o la religión, porque sabemos lo que es sufrir el ser extranjero. Sabemos que los extranjeros trabajan en condiciones muy distintas, con menos derechos, más horas, mal pagados y en malas condiciones. Muchas veces existe abuso contra los trabajadores extranjeros y se violan sus derechos. El Decálogo defiende a las personas que vienen de afuera y legisla a favor de ellas.

Algo notable es la ausencia de la esposa en la lista de personas y animales que deben descansar. En Éxodo 20:10 dice: *No hagas en ese día ningún trabajo, ni tampoco tu hijo, ni tu hija, ni tu esclavo, ni tu esclava, ni tus animales, ni tampoco los extranjeros que vivan en tus ciudades.* La razón por la que de todos los seres humanos mencionados solo el de la mujer (esposa) no se menciona, la podemos entender al recordar que en Génesis Dios unió a dos seres humanos diciendo que serían "una sola persona", por lo que ese "tú" del verso 10 involucra a la pareja.

Podemos aventurarnos a afirmar que Yahvé plantea un modelo de vida totalmente beneficioso para todas las personas, independientemente de su filiación religiosa. Si consideramos por un instante los beneficios que se desprenden de este descanso para toda la humanidad nos sorprenderemos. Imaginemos que por un día a la semana las fábricas no contaminen el medio ambiente, los automóviles no emitan gases nocivos para la salud, el ruido de las ciudades no atente contra la salud de las personas; no se gaste energía eléctrica, ni petróleo, ni gas; si tan solo por un día a la semana el mundo entero dejara de contaminar, de producir mercadería, de vivir bajo estrés. ¿No sería este un mundo mejor conservado? ¿No viviríamos en un mundo mejor?

En este punto el Decálogo se abre en una extensa línea horizontal para beneficio de toda la creación. Una vez más, es sorprendente que es precisamente la iglesia más reaccionaria y conservadora, la que se niega a admitir el asunto del cambio climático. Muchos de ellos lo tachan como un complot comunista para dominar el mundo capitalista. Respetar el *sábado* es también respetar la creación. Respetar el sábado es respetar al inmigrante, es defender los derechos de las minorías y proporcionarles condiciones dignas de vida y de trabajo.

EL PATRÓN DE FREEDMAN

El cuarto Mandamiento se rompe en el cuarto libro de la Biblia. Un hombre, también anónimo, al igual que el personaje del tercer Mandamiento, rompe el día de descanso.

Un sábado, durante la estadía de los israelitas en el desierto, un hombre fue sorprendido recogiendo leña. Quienes lo sorprendieron lo llevaron ante Moisés y Aarón, y ante toda la comunidad. Al principio solo quedó detenido, porque no estaba claro qué se debía hacer con él (Números 15:32-34).

En ambos casos, el anónimo *medio egipcio* del tercer Mandamiento y el anónimo violador del *sábado* del cuarto, provocan cierta confusión. No existe pena para el rompimiento del *shabat*. Así que, al principio, este hombre es retenido mientas Moisés determina qué hacer con él. Casualmente se repite la misma sentencia: muerte por lapidación. Y también en ambos casos la pena debe ser ejecutada por toda la comunidad. Es una manera de aleccionar a toda una sociedad. Un castigo público, ejecutado por toda la comunidad. Nadie podría olvidar eso. Los niños y las niñas que observarían de lejos, aprenderían a "respetar" los Mandamientos por temor a ser ejecutados públicamente.

El miedo es una cárcel. El miedo es la antítesis de la libertad. Por eso, debemos entender que el impulso de Dios no puede ir de la mano con el impulso de la comunidad, que siempre busca un *chivo expiatorio*, lo castiga públicamente y siente que ha hecho el bien.

Los seres humanos, más allá de sus instintos, deben aprender a desear, a decidir en su libertad lo que está bien y lo que está mal. Esto sucede por mimética. Es decir, por imitación de los adultos. Ese proceso de aprendizaje podría ser pacífico: es hermoso dar, recibir y compartir gratuitamente. Es hermoso perdonar, ayudar, cooperar. Sin embargo, esa paz puede volverse guerra, cuando dos seres humanos desean lo mismo o cuando el deseo de superación se contrapone con la superación de otro individuo. De esta manera lo que debía ser hermoso los enfrenta. En el plano colectivo sucede lo mismo. Para resolver ese conflicto, los humanos han recurrido desde tiempos inmemoriales a un medio de control violento. Es el mecanismo del *chivo expiatorio*. El miedo de una parte de la comunidad los une, ese temor colectivo los empodera y organiza. Eligen un objetivo sobre el cual descargar todos sus temores (una persona o un grupo social) y lo declaran culpable.

Al principio esa descarga de miedo era impuesta sobre un animal y se hacían sacrificios. Pero luego esas mayorías impondrían su temor sobre personas pensando que sacrificándolas los dioses contendrán su ira y no los castigarán. Más adelante, como hemos visto más recientemente, este mismo mecanismo de temor se derramará sobre poblaciones enteras (etnocidio, genocidio) o sobre colectivos específicos (LGBTI, mujeres, musulmanes, comunistas) y esto explica por qué una y otra vez nos enfrentamos al rechazo de las minorías, al racismo, a la xenofobia o a la homofobia. Pero ese no es el impulso de Dios.

CUANDO LA IGLESIA TIENE MIEDO

¿Por qué algunos líderes y pastores piensan que hay una agenda oculta, malintencionada, terrible y peligrosa detrás de la procura de la inclusión de todas las personas en la iglesia, sin distinción alguna? Muchos de ellos y ellas piensan que quienes procuran el completo cumplimiento de los DD.HH., el trato digno y honorable para todas las personas en la iglesia, lo hacen desde algún deseo malsano, ocultando información o manipulando la interpretación bíblica. La mayor parte de los hombres y mujeres que se dedican a la teología, la Biblia, la pastoral o el liderazgo espiritual, que han optado por el camino de la inclusión, lo han hecho después de un riguroso periodo de estudio serio. No es fácil romper el paradigma, corriendo el riesgo del ostracismo, la crítica, la exclusión, la pérdida de relaciones o el aislamiento ministerial. La única manera en que eso sucede es bajo una profunda convicción que fluye de la compasión y el estudio serio.

Naturalmente creo que quienes piensan que existe una agenda malsana, lo hacen convencidos de querer hacer el bien. Por eso es que he llegado a la conclusión de que están llenos de temor. Y el miedo siempre piensa mal. El temor crea exageraciones y desfigura las realidades. Muchos de ellos y ellas temen que Dios castigue con plagas y desastres naturales a su país. La Biblia nos dice en 1 Juan 4:18: *En el amor no hay temor, sino que el perfecto amor echa fuera el temor. Porque el temor conlleva castigo, y el que teme no ha sido perfeccionado en el amor.* Toda eclesiología ejercida desde el temor, no solo piensa lo peor de los demás, sino que "no ha sido perfeccionada en el amor" de Dios.

MITOS, AMENAZAS Y MIEDOS

Hace un año, en el calor de las elecciones presidenciales de Costa Rica, hubo una noticia que conmocionó a mucha gente. Una mujer, en las puertas de una escuela primaria, protestaba contra la propuesta de una educación para la afectividad y la sexualidad. La mujer ostentaba una pancarta con una frase apabullante: "El que cometa esos actos (homosexuales) merece la muerte". Lo dijo una madre con fervor y mucho odio, con versículo incluido y en el nombre de Dios.

Muchas de las personas que reaccionan con tal violencia lo hacen porque han estado expuestas a una mitología irracional y tienen miedo. Estos mitos (como el de que Dios va a castigar al país enviando su ira) generan una reacción irracional. Lo contrario a los "mitos, amenazas y miedos", es "la verdad, la empatía y la paz". Cuando el creyente logra salirse de la mitología construida, evade el enojo que le produce la amenaza mitológica.

Notemos esto: Las personas matarían por un mito, siempre ha sido así. Pero nunca matarían por fe, fe verdadera. La fe real no mata ni desea la muerte, los mitos religiosos sí. La fe ve la realidad (Dios no va a mandar su ira, Dios no siempre responde mis plegarias), y esa realidad siempre es pacificadora. Esos mitos, amenazas y miedos siempre se traducen en imagen hostil. Y una imagen hostil es el intento de destruir la imagen del "enemigo" por medio de mentiras y exageraciones. Una imagen hostil sostenida en el tiempo no solo destruye la imagen de un grupo de personas, también se traduce en muerte y asesinato. Se vivió con los judíos, una imagen hostil construida durante largo tiempo que se tradujo en la matanza de más de 6 millones de personas. También con los negros, con los aborígenes americanos, con las mujeres, con los comunistas, con los musulmanes, los gitanos y con los homosexuales.

En el caso particular de la mujer con la pancarta en la entrada de la escuela, debemos preguntarnos: ¿Qué mito religioso llevó a esta mujer a proferir semejante amenaza? ¿Qué provoca tanto miedo en ella? ¿Qué la amenaza realmente? ¿Es un miedo real y racional? ¿Cómo llegó a adquirir ese mito?

El cuarto Mandamiento se ha roto en el cuarto libro de la Biblia. Continuemos.

ANDANTE

QUINTA PALABRA: *"Honra a tu padre y a tu madre, para que disfrutes de una larga vida en la tierra que te da el Señor tu Dios* (Éxodo 20:12)

Honrar es una palabra de peso. Es la misma palabra que se emplea para glorificar a Dios (Salmo 86:9). *Kabod* significa gloria. El texto hebreo usa una palabra muy fuerte para este acto. En sus raíces significa dar un valor muy alto a los padres y concederles su debida dignidad (*kabod* = gloria).

Este es el primer mandamiento que entra de lleno en el tema de las relaciones sociales, y resulta interesante que Dios inicie hablando de la familia. Realmente el texto no hace ninguna distinción entre glorificar y honrar. En Levítico 19:3 hay un mandamiento muy parecido a este, pero la palabra que se usa no es *kabod* glorificar–honrar sino *temer*. Observemos que esas son palabras que se usan generalmente para referirse a nuestra relación con Dios. Aquí se usan para estructurar la relación entre hijos y padres.

Es muy importante reconocer que en un contexto antiguo –donde el lugar de la mujer en sociedad era subalterno–, este mandamiento pide honra tanto para el padre como para la madre. De hecho, en el versículo de Levítico 19:3 que acabamos de mencionar, se invierte el orden y el texto menciona a la madre en primer lugar. Este es un mandamiento apodíctico y con promesa. Esa promesa acaba con la frase: *para que se alarguen tus días*. No es una amenaza, es una promesa. El apóstol Pablo reconoce en Efesios 6:1 que este es el primer mandato que tiene una promesa. ¿En qué consiste esta promesa? ¿Vivirá más tiempo quien honre a sus padres? ¿Automáticamente se alargarán sus años de vida? ¿Concederá Dios más salud física?

Podríamos verlo de forma individual, pensando que al respetar y honrar a nuestros progenitores tendremos automáticamente más tiempo de vida, pero ese sería un pensamiento demasiado individualista y no parece concordar con el contexto colectivo que se nos presenta en el Tratado de las Diez Palabras.

Podríamos también pensar que, en lugar de eso, lo que el mandamiento nos promete es formar un espacio para una comunidad. En tal caso, lo que se está proponiendo aquí se dirige a la formación de una actitud de una comunidad. Una costumbre de cuidar a sus ancianos, y la preocupación por los más vulnerables para garantizar el bienestar de sus mayores. Esta es una costumbre que prevalece en muchas culturas hasta nuestros días.

En este caso, el mandamiento toca las fibras más sensibles del corazón. La relación entre padres e hijos, donde se da por sentado que los padres honran a sus hijos y, por lo tanto, los hijos darán su debida dignidad a sus padres, cuidándolos y respetándolos aun en su vejez. El impulso del mandamiento es hermoso, genera una tradición de honra y respeto en el corazón de la familia.

La Antigüedad conoció esta fuerza filial, este motor de amor familiar que proporciona cuidado a hijos y a padres. Umberto Eco nos recuerda que la literatura antigua, ha utilizado recurrentemente el símbolo de la cigüeña para representar este fenómeno (La búsqueda de la lengua perfecta). Horapolo (escritor del siglo IV d.C.), en su tratado sobre los jeroglíficos egipcios (Hieroglyphica), presenta a la cigüeña de la siguiente manera:

Cómo se representa [en escritura jeroglífica] el que ama al padre. Si quieren significar el que ama al padre, dibujan una cigüeña. Realmente ésta, alimentada por sus padres, no se separa nunca de ellos, sino que permanece con ellos hasta su vejez, recompensándoles la piedad y deferencia.

En los *Emblemata* de Andrés Alciato (1531), aparece la cigüeña como un animal que lleva a sus espaldas a sus progenitores ya cansados y les ofrece la comida con la boca. La misma descripción la podemos encontrar en el *Hexaemeron* de Basilio (VIII, 5). La literatura continúa hablando de la cigüeña como ejemplo de cuido de sus padres. Por ejemplo, en el Bestiario de Cambridge (siglo XII), se describe a la cigüeña como un ave que ama a su cría: "la incuban con tanto amor y esfuerzo que llegan a perder las plumas a causa de la posición de continuo decúbito. Ese tiempo de esfuerzo al cuido y enseñanza de sus hijos, les es recompensado después por sus hijos, que se encargan de cuidar a los padres". Finalmente, Eco nos hace saber que es posible que el simbolismo de la cigüeña sea de origen semítico, porque en hebreo cigüeña es *jasidá* que significa "que es afectivo con sus crías" (Lev. 11:19). El jasid es el que hace misericordia (jesed).

Así, la fuerza de este "mandamiento" reside en la formación de una cultura de cuidado mutuo que resulta en un círculo de apoyo, cuidado, esfuerzo y amor que va primero desde padres a hijos y que regresa con la misma fuerza de los hijos hacia los padres.

EL PATRÓN DE FREEDMAN

El quinto Mandamiento se rompe en el quinto libro de la Biblia. Nos encontramos ante un caso impactante. En Deuteronomio 21:18-21, se describe un caso hipotético para poder crear una ley casuística. Los israelitas procuran insistentemente transformar las leyes apodícticas, que no tienen consecuencias específicas, en leyes casuísticas. Existe una inercia social que desea definir cada caso, para poder imponer una pena específica. Pero Dios no hace eso exactamente. Dios juzga a cada persona y a cada corazón según su sabiduría infinita y no mediante un sistema estricto y estático de normas establecidas. En el caso hipotético de Deuteronomio, los padres deciden llevar a su hijo rebelde ante el tribunal. Lo hacen a sabiendas de que hay muchas posibilidades de que el asunto no acabe con una simple reprimenda. Saben que hay altas probabilidades de que sea condenado a muerte.

Y dirán los padres a los ancianos: «Este hijo nuestro es obstinado y rebelde, libertino y borracho. No nos obedece» (Deuteronomio 21:20).

¿Qué lleva a unos padres actuar de esa manera tan inmisericorde? ¿Qué tipo de comportamiento justificaría la muerte de un hijo? Basados en la descripción que hacen los padres en su denuncia, dos comportamientos son los causantes del fatal desenlace: obstinación y rebeldía. Una mirada cercana a ambos comportamientos nos podría ayudar a comprender.

Obstinación: La palabra hebrea que se traduce por *obstinado* es *sorer,* y se usa generalmente para describir la dureza del corazón de Israel para con Dios. Este tipo de dureza de corazón conduce a actitudes de corrupción y violencia inmisericorde.

Rebeldía: La palabra hebrea para *rebeldía* es *moreh,* que también se utiliza para describir la rebeldía de Israel contra Dios.

El resultado de los comportamientos asociados a las dos palabras fácilmente puede conducir a actitudes como las descritas por los padres en su denuncia: *libertino y borracho.* Como podemos notar en el desarrollo del caso, ambos padres deben estar de acuerdo en la acusación, por lo que la presentan juntos. Esto quiere decir que el comportamiento del hijo era tan lamentable que ambos padres estaban de acuerdo en que se le aplicara la pena de muerte.

Entonces todos los hombres de la ciudad lo apedrearán hasta matarlo. Así extirparás el mal que haya en medio de ti. Y todos en Israel lo sabrán, y tendrán temor (Deuteronomio 21:21).

Parece imposible que algo así suceda sin pensar que también los padres tienen una severa falta de amor y misericordia. Pero no debemos aventurarnos demasiado en esa conjetura. No es del todo imposible. Los mismos mitos, amenazas y miedos que empujaron una piadosa madre a apostarse a la entrada de la escuela de su hijo con una pancarta pidiendo la muerte a los homosexuales, son los que conducen a los padres a rechazar a sus hijos pensando que sus comportamientos son "aberración" para Dios. En 2018, en el Barrio San Juan del Caserío Alto Pachiza, en el distrito de Saposoa, departamento de San Martín en Perú, un padre mató a su propio hijo de 17 años por su orientación sexual. Los medios reproducen la oración que pronunció el padre justo después de quitarle la vida a su hijo: *Perdóname señor, padre santo, por todo lo que he cometido en esta tierra y en esta vida, te pido que lo cuides a mi hijito, cuídalo padre no lo desampares, ayúdame señor, dale consuelo.*

Los mitos, amenazas y miedos que surgen de un cristianismo sumido en el miedo y la ignorancia conducen al rompimiento continuo de las relaciones familiares. Padres desheredando a sus hijos, hijos abandonando a sus padres, ¿por qué? Porque piensan que no son "cristianos" o porque sus comportamientos no encajan dentro de la moral predicada en sus iglesias. El caso de Deuteronomio puede sonar exagerado, pero pensemos en cuántos casos de injusticias se cometen cada día en nombre de Dios y con el apoyo de la Iglesia.

Notemos que el texto legislativo de Deuteronomio concluye así: *Y todos en Israel lo sabrán, y **tendrán temor*** (Deuteronomio 21:21, el énfasis es nuestro). El temor es la antítesis de la libertad. Somos libres porque no tememos. El temor es una de las más terribles esclavitudes. Pero el *factor yatsá*, la primera línea con la que Yahvé presenta los diez Mandamientos, dice que él nos liberó y que nos llevó en sus alas de águila

El quinto Mandamiento se ha roto en el quinto libro de la Biblia. Y este es el inicio del fin.

EL ORDEN DE LOS FACTORES SÍ ALTERA EL PRODUCTO

Estamos a mitad de camino, la línea descendente hacia el exilio se ha empezado a acelerar vertiginosamente. Los restantes Mandamientos serán rotos pronto. Asiria y Babilonia invadirán Israel y muchos en Samaria y Judá serán llevados al exilio. Pero antes de continuar con el siguiente Mandamiento nos encontramos con un enigma. El orden de los Mandamientos en las listas de Éxodo y Deuteronomio, ya no calza con los subsiguientes rompimientos y este enigma debe ser resuelto. Para eso debemos seguir cuidadosamente los pasos del Profesor Freedman.

Los Mandamientos seis al ocho son extremadamente concisos. En hebreo cada uno de ellos consta únicamente de dos palabras. Estos tres Mandamientos aparecen enlistados en Éxodo 20 y Deuteronomio 5, de la siguiente manera:

6. No matarás.

7. No cometerás adulterio.

8. No robarás.

Y este es el orden más conocido de estos tres Mandamientos. La primera traducción del Antiguo Testamento al griego, llamada *Septuaginta*, sigue el orden de la Biblia hebrea hasta el quinto Mandamiento, luego hace un interesante cambio de orden de los Mandamientos seis, siete y ocho.

6. No cometerás adulterio.

7. No robarás.

8. No matarás.

Para mayor confusión existe una tercera lista con un orden diferente. En 1902 se hizo un importante hallazgo en Egipto. Era un papiro de 2 mil años de antigüedad que fue llamado *Papiro Nash*. Este notable hallazgo contiene tanto la oración *Shemá* de Deuteronomio 6:4 (*¡Escucha, oh Israel! El Señor nuestro Dios, el Señor uno es*), así como el Decálogo, donde nuevamente la secuencia de los mandamientos del seis al ocho difiere. Estos tres mandamientos según el papiro de Nash deben ser ordenados de la siguiente manera:

6. No cometerás adulterio.

7. No matarás.

8. No robarás.

Sería fácil culpar a los escribas y decir que cometieron un grave error y copiaron mal el orden de estos tres Mandamientos. Pero el asunto se pone sumamente interesante cuando nos damos cuenta que existe al menos otra fuente en la que aparece el orden del *Papiro Nash*. Y, de hecho, esta otra fuente es mucho más conocida que el papiro hallado en Egipto. La segunda fuente que contiene el orden *No cometerás adulterio → No matarás → No robarás* nos la proporciona Filón de Alejandría, el escritor judío del primer siglo después de Cristo.

Y como si tres listas diferentes no fueran suficientes, existe aún otra variante en el orden de estos misteriosos tres Mandamientos. En el libro de Jeremías, en su famoso sermón en el patio del Templo (Jeremías 7), el profeta menciona estos tres Mandamientos en el siguiente orden:

6. No robarás.

7. No matarás.

8. No cometerás adulterio.

Esta nueva opción hace que el patrón de Freedman coincida con el orden de los Mandamientos. El sexto Mandamiento, según la lista de Éxodo 20 y Deuteronomio 5 sería *No matarás,* pero la palabra específica que aparece en el hebreo para "asesinar" no la encontramos en ninguna parte del sexto libro de la Biblia, que es Josué. De la misma forma el séptimo Mandamiento en la lista de Éxodo y Deuteronomio prohíbe el adulterio y el libro que correspondería sería Jueces, pero tampoco encontramos la palabra correspondiente en ese libro. ¿Cómo se soluciona este enigma?

BARUC EL ESCRIBA

Sabemos que los libros de Deuteronomio, Josué, Jueces, Samuel y Reyes fueron compilados por un mismo individuo. Este redactor utiliza intencionalmente muchos de los temas, frases y motivaciones de Deuteronomio en el resto de los libros mencionados. Consecuentemente los eruditos llamaron a este redactor como *Deuteronomista.* Los estudiosos también han encontrado una relación muy cercana entre los libros compilados por el *Deuteronomista* y el libro de Jeremías. De hecho, muchos rabinos adjudican la autoría del libro de Reyes a Jeremías. Es sorprendente que tanto el libro de 2 de Reyes como el libro de Jeremías terminan exactamente igual. El capítulo 25 de 2 Reyes termina con el sitio de Jerusalén y el capítulo 52 de Jeremías termina con la catástrofe del sitio de Jerusalén. Este hecho unido a que el lenguaje y la forma son extremadamente similares, reafirma la sospecha de que estos dos libros fueron escritos por la misma persona. ¿Quién es este redactor llamado *Deutoronomista*?

Muchos eruditos creen que existe suficiente evidencia para pensar que el nombre del *Deutoronomista* que compiló los libros de Deuteronomio, Josué, Jueces, Samuel y Reyes, junto al libro de Jeremías, fue Baruc, el hijo de Nerías, que era el escriba personal del profeta Jeremías:

Jeremías llamó a Baruc hijo de Nerías, y mientras le dictaba, Baruc escribía en el rollo todo lo que el Señor le había dicho al profeta (Jeremías 36:4).

El profesor Freedman, hace notar uno de los descubrimientos arqueológicos más interesantes relacionados con este tema. En una excavación realizada a mediados de 1970 en Jerusalén, encontraron la siguiente inscripción en un trozo de arcilla: "Perteneciente a Baruc, hijo de Neriyahu (Nerías), el escriba" (Bruce y Kenneth Zuckerman, West Semitic Research).

Al parecer, Baruc es el responsable de que haya un patrón perfecto que narra la manera en que cada uno de los Mandamientos se van rompiendo, libro por libro, hasta la destrucción de Jerusalén. Ahora los Mandamientos que se rompen en Josué, Jueces y Samuel coinciden a la perfección con la secuencia enlistada en el libro de Jeremías (capítulo 7). Me apresuraré aquí a responder a su pregunta. Si está familiarizado con el canon bíblico, estará pensando que, en realidad, el noveno libro de la Biblia no es Samuel sino Rut, por lo que el rompimiento del octavo Mandamiento se situaría en Rut y no en Samuel. Pero este es un problema muy sencillo de resolver.

En la Septuaginta y en la mayoría de las traducciones de la Biblia, el libro de Rut sigue inmediatamente a los Jueces, haciendo de Samuel el noveno libro. Sin embargo, ese es un orden posterior. El canon hebreo original coloca a Rut dentro de los Cinco Rollos (en hebreo, *megillot*). Eso quiere decir que para nuestro redactor, el *Deutoronomista* Baruc, el orden de los libros corresponde al original hebreo. Rut era parte del libro de Jueces, de la misma manera que Lamentaciones era parte del libro de Jeremías así:

Josué → Jueces/Rut → Samuel

De esa forma el patrón encaja a la perfección en la lista de los diez Mandamientos que se van rompiendo uno a uno. El orden coincidente quedaría de la siguiente manera:

No robarás (Josué) → No matarás (Jueces/Rut) → No cometerás adulterio (Samuel).

SEXTA PALABRA

***"No robarás"* (Éxodo 20:15)**

Los primeros cuatro Mandamientos tienen que ver con nuestra relación con Dios. El quinto Mandamiento está en el vértice del Decálogo y tiene que ver con las relaciones entre padres e hijos. A partir de ahí el Decálogo cambia de dirección y los siguientes cuatro Mandamientos tienen que ver con nuestra relación con las demás personas. El décimo Mandamiento cierra el Decálogo y es una especie de epílogo de advertencia para no romper los nueve primeros.

El pueblo está camino a la tierra prometida. Dios, dueño de toda la tierra, la distribuirá permitiendo que todos tengan posesión. Este octavo mandamiento se refiere al respeto entre los límites familiares y personales. Robar es distribuir de acuerdo a las normas del hombre anulando la autoridad de Yahvé.

Muchos comentaristas están de acuerdo en admitir aquí cualquier daño a la propiedad del prójimo. Se dice que hay que responsabilizarse por cualquier tipo de daños, ya sean accidentales o intencionales. Podemos verlo hermosamente en Deuteronomio, donde se habla sobre la ética de sucesos representativos. Aunque la tierra era rica y fértil también había lugar para la pobreza (Deuteronomio 15:11). Este mandamiento insta a la caridad, a proteger y defender los derechos de todos y todas. Abstenerse del robo no es suficiente, es necesario hacer el bien, incluyendo permitir que los más desposeídos puedan obtener el fruto del campo (Levítico 19:9-10).

El verbo *ganab* en hebreo realmente tiene un alcance mucho más amplio que el castellano *robar*. Incluye secuestrar, engañar (robar verdad). Es la misma palabra hebrea que aparece en Deuteronomio 24:7: *Si se descubre que alguien ha secuestrado (ganab) a uno de sus hermanos israelitas, y lo trata como esclavo, o lo vende, el secuestrador* (ganab) *morirá*. El objetivo principal del mandamiento es garantizar la libertad de la persona. Vale la pena resaltar que este es ya el sexto mandamiento y todos los anteriores han garantizado la libertad del ser humano. El mandamiento se va expandiendo hasta alcanzar las posesiones de cada individuo, garantizando la libertad de posesión. Pero al mismo tiempo este versículo del Decálogo nos lanza una advertencia solemne. Tener un deseo insano de lo que no se tiene nos llena de angustia y nos induce al pecado. Hebreos 13:5 dice: *Manténganse libres del amor al dinero, y conténtense con lo que tienen, porque Dios ha dicho: «Nunca te dejaré; jamás te abandonaré*. Cada mandamiento va matizando la voluntad de liberación que hay en el corazón de Dios y la forma en que podemos perpetuarla.

EL PATRÓN DE FREEDMAN

Este es uno de los Mandamientos conformados solo por dos palabras. Y es sorprendente que la palabra que se traduce por *robar* no aparece después de la promulgación del Decálogo sino hasta el sexto libro, que es Josué. El sexto Mandamiento se rompe en el sexto libro de la Biblia.

Los israelitas han entrado a la tierra prometida y han conquistado Jericó. Pero justo antes de entrar en la ciudad Josué advierte a su gente:

Cuídense de no tomar nada de lo que hay en la ciudad y que el Señor ha consagrado a la destrucción, pues de lo contrario pondrán bajo maldición el campamento de Israel y le acarrearán la desgracia. Pero el oro y la plata, y todas las cosas de bronce y de hierro, serán dedicadas al Señor, y se pondrán en su tesoro (Josué 6:18-19).

La ciudad fue consumida por el fuego, los utensilios de metal serían dedicados al culto a Yahvé, y Josué, el líder que sustituyó a Moisés, se dispone a conquistar la siguiente ciudad llamada *Ai*. Sin embargo, los israelitas experimentan una terrible derrota. Josué cae de rodillas y le pregunta a Yahvé la razón de tan triste fracaso. Así que Dios le responde:

—Levántate. ¿Qué haces ahí, en el suelo? 11 Los israelitas han pecado, y han roto la alianza que yo hice con ellos. Tomaron de las cosas que debieron ser destruidas; las robaron sabiendo que hacían mal, y las han escondido entre sus pertenencias (Josué 7:10-11).

El sexto mandamiento ha sido roto en el sexto libro. Alguien ha robado y ha escondido el botín. Al día siguiente Josué se dispone a descubrir al culpable mediante un proceso de adivinación. Probablemente Josué utilizó el sistema más conocido por los israelitas: *Urim y Tumim.*

Urim y Tumim parecen ser dos piedras aplanadas cuyo anverso y reverso están tallados con una letra hebrea. El lado de la piedra correspondiente a *Urim* contiene un *aleph*, que es la primera letra del alefato hebreo[16] y la primera letra de la palabra *Urim,* en el lado correspondiente a *Tumim,* la letra *taw*, última letra del alefato y primera de la palabra *Tumim.* Así cada piedra tendría un lado que simboliza "cabeza" y el otro que simboliza "cola". Mientras que *Urim* significaría *culpable, Tumim* significaría *inocente.*

Mediante una serie de partidas de *Urim y Tumim*, Josué va descartando tribus y clanes hasta encontrar un sospechoso llamado Acán. Al increparlo éste confiesa su pecado:

"Confieso que he pecado contra el Señor y Dios de Israel. Entre las cosas que tomamos en Jericó, vi un bello manto de Babilonia, doscientas monedas de plata y una barra de oro que pesaba más de medio kilo. Me gustaron esas cosas, y me quedé con ellas, y las he enterrado debajo de mi tienda de campaña, poniendo el dinero en el fondo (Josué 7:20-21).

Acán fue apedreado hasta la muerte. Pero antes de eso, fueron ejecutados todos sus familiares, sus animales y destruidas todas sus posesiones. Una pena desproporcionada. El robo no se pagaba con la vida y, mucho menos, con la vida de toda la familia. Según la legislación mosaica el ladrón debía restituir lo robado (Éxodo 22:1). ¿Por qué Josué castigó con tal severidad el robo de Acán?

El caso de Acán es el único caso de pena de muerte por robo en toda la Biblia. La palabra hebrea usada para

---

16   Serie de las consonantes hebreas (RAE), el alfabeto es de origen griego.

este castigo es *karet*, y literalmente significa *cortar*. En Éxodo 34:6-7, Dios dice que visita la iniquidad *"hasta la tercera y cuarta generación"*. Esto en realidad no quiere decir que las desgracias, los males o la culpa se herede de generación en generación. Más bien, significa que toda una generación se borraría de la faz de la Tierra.

En la mayoría de las legislaciones existe una prohibición para impedir que los familiares sean castigados por los delitos de una persona. Deuteronomio también contiene una ley así: *Los padres no podrán ser condenados a muerte por culpa de lo que hayan hecho sus hijos, ni los hijos por lo que hayan hecho sus padres* (Deuteronomio 24:16). Esta era la legislación normal aplicable a cualquier robo u otro delito menor. Pero lo que sucede con Acán es que cometió el peor robo posible, que es robarle a Yahvé. Y este pecado es comparable con los peores delitos enlistados en los primeros cuatro Mandamientos.

Miles de cristianos hoy en día vacían sus bolsillos, creyendo que Dios hará un milagro en sus vidas, sanará un familiar o responderá a sus oraciones, porque eso es lo que enseña la llamada *Teología de la Prosperidad*. Las personas dan dinero a la iglesia a cambio del favor de Dios. Mientras tanto, muchos de los pastores de estas iglesias llevan una vida de extravagancia en lujosas casas o adquiriendo aviones privados. La *Teología de la Prosperidad,* en sus múltiples formas, representa hoy un terrible pecado: el robo en nombre de Dios. Una fe libre no paga por el amor de Dios. La libertad ha sido alcanzada en la Cruz y quien se atreva a cobrar por ella, peca.

Pero hay otra manea en que se puede robar a Dios. Cuando lo que se roba es la dignidad de otro ser humano, se le roba a directamente a Dios. Dios ha creado al ser humano con una dignidad que viene de Él y que debe ser intocable. En un mundo que tolera los abusos contra los habitantes de la calle, el maltrato a los inmigrantes, la vulneración de derechos a quienes descuentan penas en las cárceles, es urgente una iglesia que se oponga frontalmente a esto. El problema del *bullying* en las escuelas y el escarnio en las redes sociales, sobre todo mediante las llamadas *fake news,* es una ofensa a la dignidad humana y un robo a Dios. Es un robo a Dios también, cuando la iglesia cierra los ojos al problema de la violencia de género contra las mujeres. Cada vez que confunde, desdeña del feminismo y lo coloca como la contracara del machismo, no solo hace ostentación de ignorancia, sino que perpetúa la violencia que lleva al feminicidio. El sexto Mandamiento se ha roto en el sexto libro de la Biblia. Continuamos.

SÉPTIMA PALABRA

"No matarás" **(Éxodo 20:13)**

El sexto mandamiento va dirigido a mantener la vida de la comunidad del pacto, de donde se desprende la protección de la vida en la Tierra. La vida está constantemente amenazada por la misma humanidad. La venganza y el odio son una constante que caracteriza la historia humana desde el mismo principio (*cf.* Génesis 9). En realidad, el término hebreo del original no habla de matar en un sentido genérico. Su acepción más puntual es la de asesinar. La voz hebrea *ratsach* se emplea exclusivamente para denotar el homicidio. Es decir, no es una forma cualquiera de quitarle la vida a otro ser humano. El mandato se refiere a la muerte premeditada y planificada.

La guerra no se incluye en este mandamiento. Pero deberemos preguntarnos si la enseñanza de Jesús modifica este asunto. Nosotros deberíamos ser pacifistas por antonomasia. El Nuevo Testamento nos enseña a "amar a nuestros enemigos". Sin embargo, existe otra posición, la de la guerra justa. Esta justifica la participación cristiana en la guerra sobre la base de la responsabilidad moral de defender la vida. Supongamos, por otra parte, que alguien entra a mi casa y está a punto de herir, violar o matar a mi esposa e hijos. ¿No sería inmoral si yo me quedara de brazos cruzados bajo el escudo del pacifismo? Por supuesto, entenderíamos entonces que estaríamos actuando en defensa de nuestra familia.

Debemos decir que no hay guerra justa. Sin embargo, un pastor y teólogo llamado Dietrich Bonhoeffer colaboró en un plan para atentar contra Hitler. Bonhoeffer fue arrestado y finalmente ahorcado por oponerse al Nacionalsocialismo de Hitler. El Mandamiento no intenta abarcar todas las posibilidades y se limita a hablar de asesinato premeditado. Esto involucra la responsabilidad de oponernos enérgicamente a todo lo que atente contra la vida del inocente. Con un dolor enorme he podido ver cómo cientos de cristianos animan y hasta oran en apoyo de fuerzas invasoras de carácter injusto. No es posible querer sembrar la democracia, la paz y la salvación eliminando indiscriminadamente a miles de inocentes. Recordando la definición de las leyes apodícticas, deberemos sentir el impulso de este mandamiento como un acto de Dios de proteger nuestra propia vida, siendo comisionados a ser protectores de la vida humana.

La pena de muerte, allá donde aún se practica, debe ser considerada un asesinato cometido por el gobierno y rompe el Mandamiento. La pena de muerte es premeditada y actúa aun cuando la víctima ya no es una amenaza activa para ningún ser humano, ya que se encuentra procesada en una cárcel.

Por asombroso que parezca, no fue sino hasta el año 2018 que el Papa Francisco impulsó un cambio en el Catecismo de la Iglesia Católica. El numeral *2267* decía lo siguiente: *La enseñanza tradicional de la Iglesia no excluye, supuesta la plena comprobación de la identidad y de la responsabilidad del culpable, el recurso a la pena de muerte, si esta fuera el único camino posible para defender eficazmente del agresor injusto las vidas humanas.* El nuevo texto dice lo siguiente: *Durante mucho tiempo el recurso a la pena de muerte por parte de la autoridad legítima, después de un debido proceso, fue considerado una respuesta apropiada a la gravedad de algunos delitos y un medio admisible, aunque extremo, para la tutela del bien común. Hoy está cada vez más viva la conciencia de que la dignidad de la persona no se pierde ni siquiera después de haber cometido crímenes muy graves [...] Por tanto la Iglesia enseña, a la luz del Evangelio, que la pena de muerte es inadmisible, porque atenta contra la inviolabilidad y la dignidad de la persona y se compromete con determinación a su abolición en todo el mundo.*

Pero todo debe comenzar no con el asesinato, sino desde mucho antes. Vivimos en un mundo que ha normalizado la cuestión del asesinato. El teólogo Hans Küng menciona que en una asamblea de la American Academy of Pediatrics, ¡en 1971!, se afirmaba que un niño de 14 años puede haber visto por televisión un promedio de 18,000 muertes. Eso fue en 1971. Pensemos en el acceso a la información que tienen hoy los menores: vídeos, redes sociales, noticias o a la violencia que consumen en los videojuegos. El resultado más evidente ni siquiera tiene rostro de violencia, sino de asimilación de la violencia. Los niños han ido perdiendo la capacidad de conmoverse ante la realidad de una muerte violenta. ¿No es esto un atentado contra la mente infantil? ¿Cómo podemos entonces quejarnos de la violencia de nuestra sociedad? Debemos asumir nuestra responsabilidad.

Otros temas deben entrar en nuestra reflexión y, quizás, sean los más complejos: el suicidio, la eutanasia y el aborto. Me apresuraré a decir que no creo tener las respuestas y que el asunto debe seguir estudiándose con seriedad y sensibilidad. El Mandamiento no toca estos tres temas porque ninguno encaja con la descripción de asesinato premeditado. Originalmente la palabra eutanasia significaba "el bien morir", en la cultura greco romana. Pero ese sentido quedó convertido en algo completamente diferente cuando el régimen de Hitler aplicó lo que llamó "programa de eutanasia", que consistía en la eliminación de toda vida que ellos consideraran indigna de ser vivida o un lastre para la sociedad. No solo judíos y gitanos, sino también homosexuales, detractores y personas con enfermedades. El "programa" llegó a su culmen de criminalidad, si se puede llamar así, cuando lo aplicaban a los bebés y niños que nacían con alguna enfermedad o malformación. Esto no es eutanasia, es puro y llano asesinato.

Existe otra forma de eutanasia (bien morir), que consiste no en acortar la vida, sino en mejorar la muerte. El médico se limita a administrar medicamentos que calman el dolor hasta que, de forma natural, la persona fallece. En este caso no existen reparos éticos, religiosos ni legales. Tampoco existe demasiada resistencia a admitir la eutanasia pasiva, que consiste en la interrupción de la prolongación *artificial* de la vida. Es decir, cuando la vida es inviable sin la asistencia de medios artificiales. La teología moral clásica dice que el ser humano no debe prolongar la vida a través de medios extraordinarios. En lo que sí existe un intenso debate es en la aplicación de la eutanasia *activa,* que consiste en la interrupción voluntaria del paciente. Si hablamos de una vida digna para todas las personas y luchamos porque existan políticas que garanticen la vida digna universal, ¿no sería también necesario hablar de una muerte digna para todas las personas? Para una profundización de este tema, podría ser muy provechosa la lectura de los trabajos del teólogo suizo Hans Küng en sus libros "Morir con dignidad" y "¿Vida eterna?".

La sensibilidad aumenta cuando se trata del tema del aborto. Y es así, naturalmente, porque un bebé suscita en nosotros un instinto de ternura protectora. Nadie en su sano juicio desea el aborto. Nadie amanece un día deseando que no nazcan los bebés. El aborto es un tema tan complejo como el mismo dolor humano. ¿Qué lleva a una madre a abortar? Y sobre todo, ¿qué lleva a una niña o adolescente a considerar el aborto como su única salida? Para hablar del aborto, al igual que del asesinato, no debemos empezar en el hecho mismo de la muerte del feto, sino en las motivaciones que condujeron a una madre hasta ese extremo. Para José Ignacio González Faus: *A todo ser humano le compete plantearse este problema (el del aborto) y reflexionar sobre él; pero no desde la comodidad del que no está afectado, y por eso sabiendo que luego deberá ser enormemente respetuoso a la hora de juzgar a personas concretas*[17].

Según González Faus, más del 90% de mujeres que mueren en prácticas abortivas, pertenecen al tercer y cuarto mundo. Este dato enseña que la cuestión del aborto no es exclusivamente un problema moral, sino que tiene también una dimensión social[18].

---

17   Crítica de la razón abortista, Barcelona, Cristianisme, 1995
18   Ídem

Ir contra el aborto, no significa oponerse a las regulaciones terapéuticas que garantizan un manejo adecuado en situaciones límite, implica, más bien, ir contra la sociedad y las prácticas sociales que ponen a las mujeres, mayoritariamente pobres, en el callejón sin salida que conduce al aborto. Es oponerse a la sociedad machista, al abuso sexual infantil, a la violencia contra las mujeres, y es ir a favor de la implementación de la educación para la afectividad y sexualidad para todas las niñas y los niños.

En la Biblia encontramos un caso, más o menos escondido, en el que esa misma cultura patriarcal y machista, no solo conduce a una mujer al aborto, sino que lo considera aceptable por razones de honor.

Si su esposo siente celos, y sospecha de ella y necesita saber si ella se ha contaminado o no, el esposo debe llevarla al sacerdote (Números 5:14-15).

Se trata de una ley sobre casos de celos. En esta ley los celos son un derecho únicamente de los hombres y, además, les otorga el privilegio de acudir al sacerdote para realizar un procedimiento encaminado a esclarecer el asunto. El procedimiento, en resumen, consiste en hacer beber a la mujer un líquido abortivo. Si ella es inocente, no abortará, si ella es culpable, abortará (Números 5:11-22). Los celos son validados, la mujer no tiene derecho sobre su vida ni sobre su cuerpo, es considerada propiedad de su esposo, del sacerdote y de Dios. Aquí vemos que en el Antiguo Testamento sí se admitía el aborto, en casos de celos y a favor del honor del hombre. ¿Notamos algunas semejanzas con la sociedad de hoy?

EL PATRÓN DE FREEDMAN

El séptimo Mandamiento según la lista de Jeremías se rompe en el séptimo libro de la Biblia. En el libro de los Jueces aparecen muchas muertes. ¿Cuál de ellas es la que corresponde al patrón de Freedman? ¿Cuál de ellas es considerada la única que rompe a cabalidad el séptimo Mandamiento?

La razón por la que no todas las muertes en el libro de Jueces, corresponden al rompimiento del Mandamiento es que este, como dijimos anteriormente, se refiere a un asesinato premeditado y con malicia. En ese sentido, en las traducciones deberíamos leer "No asesinarás" en vez del ambiguo "No matarás". Ya Dios había constituido Ciudades de Refugio, para que aquellas personas que hubieran matado sin querer a otra persona, pudieran tener un lugar seguro donde permanecer.

Solo un caso en el libro de los Jueces satisface enteramente el sentido de la prohibición del Mandamiento. Y eso lo sabemos, además, porque es el único de todos los casos que utiliza exactamente la misma palabra *ratsach,* mencionada en el Mandamiento. Así que, parece que no es una coincidencia que la primera vez que aparece esta palabra, después de la promulgación del Decálogo, no sea sino en este caso de Jueces. Baruc, nuestro redactor *Deutoronomista* hizo un trabajo extraordinario, colocando casi arquitectónicamente cada palabra en su lugar, para que encajara perfectamente en su patrón.

Se trata de un caso de infidelidad y separación descrito en Jueces 19-21. La protagonista del relato bíblico abandonó a su esposo luego de haberle sido infiel y se refugió en casa de su padre. Su esposo procura la reconciliación y llega a casa del padre, donde se encuentra ella. Tras la reconciliación de la pareja, emprenden el camino de regreso a casa, pero deben pernoctar en casa de un anciano en otro pueblo. La gente del pueblo quiere linchar al extraño visitante, pero, conforme a la costumbre, les es dada la mujer culpable. Ella es violada hasta la muerte por una turba y su esposo la encuentra ya sin vida, al amanecer. Decide subir su cadáver al burro y llevarlo a casa. La historia bíblica remata como sigue:

Cuando llegó a su casa, tomó un cuchillo y descuartizó a su concubina en doce pedazos, después de lo cual distribuyó los pedazos por todas las regiones de Israel. Todo el que veía esto decía: «Nunca se ha visto, ni se ha hecho semejante cosa, desde el día que los israelitas salieron de la tierra de Egipto. ¡Piensen en esto! ¡Considérenlo y dígannos qué hacer!" (Jueces 19:29-30).

No hace falta decir que esta acción atrajo la atención de todo Israel. El envío de las 12 partes del cadáver a cada una de las 12 tribus de Israel, está destinado a llamar la atención sobre el gravísimo crimen que habían cometido los habitantes del pueblo donde pernoctaron, luego de su reconciliación. Ese pueblo se llama Guibeá, situada en Benjamín. Ahí habitaban israelitas. Ellos habían evitado pasar la noche en una ciudad anterior llamada Jebús, porque ahí no vivían israelitas y corrían peligro. En cambio, decidieron ir a una ciudad que consideraban segura donde, paradójicamente, ocurrió el terrible crimen. El viudo indignado quería que se hiciera justicia *¡Piensen en esto! ¡Considérenlo y dígannos qué hacer!* (Jueces 19:30).

La tribu de Benjamín, a la que pertenece Guibeá, se niega a detener y castigar a los perpetradores del crimen, lo que lleva a una guerra civil en la que murieron muchas personas. Si bien se pueden derivar numerosos crímenes de esta narrativa, solo uno de los Mandamientos es específicamente violado: el asesinato. Y no solo por la manera en que ocurre el terrible asesinato de la mujer, sino porque aquí se encuentra la misma palabra hebrea para el asesinato (ratsach), utilizada en el Mandamiento. Jueces 20:4 se refiere a la concubina como "la mujer asesinada" (ratsach).

El séptimo Mandamiento ha sido roto en el séptimo libro de la Biblia. Continuemos.

OCTAVA PALABRA

"No cometerás adulterio" (Éxodo 20:14)

Debemos reconocer que en este momento lo que se prohíbe no es la poligamia, sino tomar el/la cónyuge de otra persona. Es violar los límites de cada miembro de la comunidad. La teología del Antiguo Testamento respalda la igualdad entre hombre y mujer porque ambos son imagen y semejanza de Dios. *En la práctica* esto no era lo que sucedía comúnmente. Por eso el adulterio es considerado un problema muy serio a lo largo del Antiguo Testamento. Pareciera que el adulterio es romper un pacto en forma abrupta. Un pacto muy similar al pacto entre Yahvé y los israelitas. Es en este punto donde la cuestión se torna muy seria porque la ética que se está desarrollando en el Decálogo, es una ética que toma con mucha seriedad los compromisos y mide la madurez de una persona dependiendo de la capacidad de cumplir con sus pactos. El adulterio es una metáfora de la falta de fidelidad que siempre caracterizó a Israel.

Una vez más, el acercamiento al vocabulario hebreo nos da algunas luces acerca de la intención del mandato. En este caso la palabra que se traduce por "adulterarás" es *tin´af*. A lo largo del Antiguo Testamento la palabra "adulterio" –*na´af* en estado constructo–, alude a todos los aspectos que se relacionan con romper un contrato.

Algunas de sus implicaciones son: profanar, traicionar, adulterar (que en castellano significa viciar o falsificar). La palabra también tiene que ver con la idolatría. El Antiguo Testamento habla muchas veces de los ídolos como los amantes de Israel.

Jesús no olvidó este Mandamiento. Todo lo contrario, lo profundizó. Mateo 5:27-28 lleva este Mandamiento al punto de convertirlo en algo interno, que está en el centro del corazón. Si se ve al cónyuge de otra persona y se codicia, entonces se está cometiendo adulterio. Es imprescindible hacer notar lo siguiente: tanto en el texto hebreo como en el texto griego de Mateo, las palabras codicia –que ya analizaremos en el décimo Mandamiento– se refieren más a la iniciativa del corazón que al acto simple de la mirada. Aunque es un tema de controversia, debemos ser honestos con la Escritura y advertir que, según estos textos bíblicos, el pecado yace en la intención malvada del corazón y no en el acto de mirar. En el proceso de la tentación, cada ser humano enfrenta el peligro de la vista. La tentación no es pecado. Terminará siendo pecado en el momento en que nuestro corazón tenga ya una intención pecaminosa de llevar la tentación a su concreción. La línea divisoria es tan delgada, que no debemos volvernos permisivos en absoluto. Recordemos que Jesús fue tentado en todo, pero no pecó.

Pero el adulterio es mucho más que solo sexo. Adulterar el pacto matrimonial incluye más que una relación con otra persona. También se adultera (se vacía de su sentido original al matrimonio) cuando hay violencia de cualquier tipo. Permítanme reproducir un pequeño diálogo que tuve hace unos días:

–*Hola José, he estado pensando lo bueno que sería una charla sobre el amor y 1ª de Corintios 13. ¿Será que el amor debe soportarlo todo? ¿Perdonarlo todo? Pienso en las mujeres en situación de violencia y el mal uso que puede dársele a ese pasaje. A propósito del Día del amor. Besos para Pau, Santi y Lau.*

–*El amor lo soporta todo siempre y cuando ese todo venga del amor. ¿Carestía?, se puede soportar. ¿Enfermedad?, se puede soportar si hay amor. ¿Dolor?, también. Pero cuando lo que viene no representa un acto de amor, se debe rechazar tajantemente.*

–*Así es. Justamente así.*

–*La agresión, el abuso, la humillación no pueden venir del amor. De tal manera que deben ser rechazados, nadie debe soportarlo. El problema de raíz es un problema conceptual, la gente no sabe qué es el amor y cree que se puede amar golpeando, que se puede amar violentando, que se puede amar humillando. Si vemos los primeros versículos de 1ª Corintios 13 se dice que el amor tiene paciencia, pero el golpe es la expresión viva de la intolerancia e impaciencia. 1ª Corintios 13 dice que el amor no ofende ni humilla. Cuando se dice que todo lo soporta, debe enmarcarse ese amor en el concepto correcto de amor, empezando por el amor a sí mismo, que puede soportar la separación cuando es necesaria.*

–*Esto que escribís le haría tanto bien a tantas mujeres.*

Cuando la iglesia le dice a una mujer que soporte la violencia, la humillación o el abuso por parte de su pareja, la está exponiendo a arriesgar su vida y está deformando el contrato del matrimonio: lo está vaciando del sentido original y, de esa forma, la iglesia misma es culpable de adulterio y peca.

EL PATRÓN DE FREEDMAN

Nuestro viaje nos ha traído ya al octavo libro de la Biblia, donde se rompe el octavo Mandamiento. El adulterio en la Biblia consiste en relaciones sexuales entre una mujer casada y cualquier otro hombre que no sea su esposo. El estado civil del hombre no es relevante.

Las cosas iban bastante bien para David, el rey más famoso de Israel. Pero todo eso cambió cuando vio a Betsabé bañándose. Betsabé no estaba en un baño ordinario cuando David la espió. Estaba practicando un baño ritual para purificarse después de su período menstrual (2ª Samuel 11:4). Esto deja claro que ella no está embarazada cuando David envía por ella. David sabe bien que Betsabé está casada con Urías el hitita. Él sabe que está cometiendo adulterio. El pecado de David adquiere dimensiones insospechadas cuando planea la manera de deshacerse de Urías, luego de verse imposibilitado de adjudicarle el embarazo de Betsabé.

La parábola del profeta Natán describe el incidente y consigue la confesión de David, culminando con la siguiente sentencia:

Por lo que has hecho, haré que tu propia familia se rebele en tu contra. Ante tus propios ojos, daré tus mujeres a otro hombre, y él se acostará con ellas a la vista de todos. Tú lo hiciste en secreto, pero yo haré que esto suceda abiertamente a la vista de todo Israel (2ª Samuel 12:11-12).

Por lo tanto, tenemos una clara violación del adulterio: el octavo mandamiento, como se enumera en Jeremías, en el octavo libro de la Biblia, el libro de Samuel. Solo queda un libro y un Mandamiento antes del colofón.

NOVENA PALABRA

"No des falso testimonio contra tu prójimo" (Éxodo 20:16)

El falso testimonio es un robo de la verdad. Literalmente el hebreo habla de no decir palabras livianas en contra de nuestro prójimo. Es decir, palabras sin fundamento, sin peso. La ley del Antiguo Testamento castigaba con severidad el falso testimonio, revirtiendo la sentencia al acusador falso. Era costumbre que el mismo acusador fuese el que ejecutase la sentencia. Si por ejemplo la sentencia era la pena capital, el acusador la llevaba a cabo dando muerte al acusado (Deuteronomio 17:7). No se debe difamar el nombre del prójimo ni dañar su reputación sin tener fundamento. Este mandamiento avanza firmemente hacia la prohibición de cualquier disminución de la honra ajena.

Hoy podemos ver que este robo de dignidad se da tanto a niveles personales como a niveles colectivos, a través de los medios de comunicación masiva, las redes sociales y las llamadas *fake news*. Nuestros niños y jóvenes aprenden el "don" de la difamación, casi desde que aprenden a leer. El acceso a las redes sociales, *WhatsApp* y otros medios digitales, nos han llevado a una pérdida casi total de respeto hacia la honra ajena.

A partir de 2016 y de forma paradigmática, durante la pugna electoral entre Donald Trump e Hillary Clinton, la mentira distribuida masivamente por redes sociales se convirtió en un arma sumamente poderosa. Un arma que tiene el poder de poner y quitar candidatos presidenciales. Tenemos que entender que *Facebook*, además de medio social, se convierte en sí mismo en un medio de comunicación, donde los contenidos son aquello a difundir. Es decir, a través de la red social no solo podemos recibir información que otros han compartido, sino que podemos replicar esa misma información o crear una nueva basada o no en hechos constatables. Esta es la *posverdad*, que ha reemplazado a la creación de contenidos verificables. A la gente ya no le interesa la verdad de las cosas.

A todo lo anterior, debemos añadir el peligro del avance de los algoritmos de macrodatos, que empiezan a permear la forma de vender, la forma de hacer política, la manera en que decidimos por quién votar en las elecciones presidenciales, y que empiezan a condicionar la toma de casi cualquier decisión personal. El desarrollo de inteligencia artificial (IA) podrían estar socavando la idea de libertad individual. En un tiempo en que nos ufanamos de los logros democráticos y las libertades individuales, estamos acercándonos cada vez más a las antípodas de la libertad. Según el historiador israelí Yuval Noah Harari, aun cuando la Inquisición española o la KGB soviética se especializaron en espiar, convirtiéndose en un verdadero *Gran Hermano,* carecían del conocimiento biológico y la capacidad de cómputo necesarios para acceder a los procesos que modelan nuestros deseos y nuestra toma de decisiones. Podemos pensar que, incluso, la mayoría de nosotros no tenemos esa información sobre nosotros mismos. No sabemos cómo funcionan ni podemos controlar los procesos bioquímicos que nos llevan a tomar ciertas decisiones. Una forma sencilla de entender esto es pensando en *YouTube, Facebook, Amazon o Netflix*. Cada una de estas plataformas almacena los datos de nuestras búsquedas y, seguidamente, nos proporciona sugerencias adecuadas a la medida de nuestros gustos y costumbres. Ya no elegimos lo que queremos, sino que elegimos lo que las plataformas creen que es más conveniente para cada uno de nosotros. De esta forma es posible fabricar *verdades adecuadas* para la toma de decisiones, incluida la de elegir presidentes.

Nuestra confianza en *Google* es tal, que ya no buscamos información certera, basta con *googlear*. Lo mismo sucede con los algoritmos que nos muestran el camino a casa o al trabajo. Usamos *Waze* y confiamos plenamente en sus instrucciones. Nuestras decisiones están enteramente supeditadas a las órdenes de la aplicación de mapas. Harari anota que en 2012, tres turistas japoneses que viajaban por Australia, acabaron conduciendo directamente al fondo del Océano Pacífico. La conductora, llamada Yuzu Noda, de 21 años de edad, confesó que no había hecho otra cosa que seguir las instrucciones del GPS.[19]

Casi cualquier cosa que se publique en Internet constituye una especie de verdad. Tendemos a creerla sin constatar, confiamos demasiado en ese mundo alterno que nos proporciona tanta información.

---

19 Michelle McQuigge, "Woman Follows GPS; Ends Up in Ontario Lake" Toronto Sun, 13/5/2016

El Dr. Breneman nos brinda un dato muy interesante: *En promedio una persona habla unas 18.000 palabras por día. Esto sería más o menos 54 páginas de un libro. En un año sería 66 libros de 300 páginas cada uno.* Actualmente, debemos sumar la cantidad de palabras que publicamos en nuestras redes sociales. ¡Qué importante es comprender que, a la libertad de expresión y comunicación, debemos adjuntarle la responsabilidad de publicar datos veraces y respetando el honor de las demás personas!

EL PATRÓN DE FREEDMAN

La historia está llegando a su final. El camino descendente de violaciones a los Mandamientos está llegando a su clímax y la paciencia de Dios está llegando a su final. El exilio es inminente.

El noveno Mandamiento se rompe en el noveno libro de la Biblia. Llegamos al libro de Reyes. Una vez más, el Mandamiento se rompe por las acciones egoístas de una familia real israelita y, una vez más, una persona inocente pierde su vida.

El falso testimonio también se castiga en la Biblia hebrea con una pena bastante similar al código de Hamurabi, que dice: *Si un hombre acusa a otro hombre de asesinato, pero no lo logra demostrar, el acusador será condenado a muerte.* Deuteronomio 19:16–21, prescribe que, si una persona acusa erróneamente a otra, el castigo por el presunto delito se aplicará al acusador. Es decir, si uno acusa falsamente a otro de un delito punible con la muerte, el acusador será condenado a muerte. La Biblia hebrea también se opone al problema del falso testimonio al exigir generalmente, que dos o más testigos condenen a una persona de un delito.

Hay un solo caso en el que un personaje de la Biblia hebrea da falso testimonio contra un vecino (1ª Reyes 21). Es el caso de Jezabel y Acab, la familia real. Ellos tenían un vecino llamado Nabot, dueño de una viña que los reyes querían comprar. Ante la negativa de Nabot de venderles el terreno, Jezabel idea un plan criminal. Primero escribe cartas falsas en nombre de su esposo. Les puso el sello real y las envió a los ancianos y líderes. En ellas decía lo siguiente:

Convoquen a todos los ciudadanos a que se reúnan para tener un tiempo de ayuno y denle a Nabot un lugar de honor. Luego, sienten a dos sinvergüenzas frente a él que lo acusen de maldecir a Dios y al rey. Después sáquenlo y mátenlo a pedradas (1ª Reyes 21:9-10).

No hay nada que el pobre Nabot pueda hacer. Él y toda su familia son llevados fuera de la ciudad y ejecutados por lapidación pública. Jezabel y Acab toman la viña que Nabot no quiso venderles. Este castigo de *karet* es necesario para que el plan de Jezabel funcione, ya que implica la confiscación de los bienes de Nabot para la corona.

Pero la historia no termina ahí. Ese es el crimen, Jezabel había roto el noveno Mandamiento y eso no quedaría impune. El profeta Elías trae un mensaje fatídico para la pareja de reyes. Primero la sentencia para el rey: *Esto dice el Señor: ¿No te bastó con matar a Nabot? ¿También tienes que robarle? Por lo que has hecho, ¡los perros lamerán tu sangre en el mismo lugar donde lamieron la sangre de Nabot!* (1ª Reyes 21-19). Y luego, la sentencia para Jezabel: *En cuanto a Jezabel, el Señor dice: «Los perros se comerán el cuerpo de Jezabel en la parcela de Jezreel»* (1 Reyes 21:23).

Pero Acab se arrepintió y "rasgó su ropa" y rogó por el perdón, el cual le fue concedido (1ª Reyes 21:27-28). En cuanto a Jezabel…, Jehú, quien usurparía el trono, hizo que la lanzaran por una ventana y su sangre salpicó la pared. Luego Jehú la pisoteó con las patas del caballo, la dejó ahí y se fue a comer. Al regresar, los perros habían desmembrado el cuerpo y *solo encontraron el cráneo, los pies y las manos* (2ª Reyes 9:35). Fue entonces cuando Jehú exclamó: *Eso cumple el mensaje que el Señor dio por medio de su siervo Elías de Tisbé, quien dijo: «Los perros se comerán el cuerpo de Jezabel en la parcela de Jezreel. [37] Sus restos quedarán desparramados como estiércol en la parcela de Jezreel, para que nadie pueda reconocerla».* (2ª Reyes 9:36-37).

El noveno Mandamiento ha sido roto en el noveno libro de la Biblia. Israel continuó existiendo por más de cien años después de la muerte de Jezabel. Pero Oseas, el último rey de Israel, cometió un error gigante. Dejó de pagar el tributo al Imperio Asirio e intentó aliarse con los egipcios. Oseas fue capturado por el rey asirio Salmanasar V (726–722 a.C.). Y el epílogo de la historia es el exilio y la decadencia de Israel.

FINALE

DÉCIMA PALABRA: *"No codiciarás…"* (Éxodo 20:17)

Se reconoce que la codicia es la raíz de todos los pecados. Este último Mandamiento captura en su esencia todos los anteriores. Es un verdadero resumen de todos los mandamientos del Decálogo, incluso los que tienen que ver con la adoración, porque la codicia nos hace desear toda la honra, el respeto y la alabanza para nosotros mismos. Así que, para cerrar con broche de oro, este mandamiento termina por protegernos de romper todos los Mandamientos anteriores. Debemos entender que la envidia es una cuestión de actitud, no de obras. Desear una mujer está bien (Génesis 2:18-22), pero desear tener la mujer de otro hombre, Dios lo prohíbe. Este mandamiento final no trata de lo exterior, se refiere a lo que yace en el interior, en el corazón del ser humano. Los deseos más secretos del corazón.

El libro de Deuteronomio nos aclara muchas dudas en su versión del último Mandamiento. El texto de Deuteronomio 5:21 utiliza dos verbos distintos. Uno para referirse al deseo sexual, y otro para el deseo de los bienes. El verbo hebreo que habla del deseo o codicia de bienes es *tajmod* que tiene el sentido de complacerse en objetos de culto idolátrico (Isaías 1:29), o el de apropiarse de algo con un deseo insano, lo que identifica la codicia con la idolatría. Idolatría del materialismo y de la riqueza, del éxito material y económico. El segundo verbo, el que se usa para el deseo hacia el cónyuge del prójimo, es *tihavah* que literalmente significa ambición, capricho, saciarse de algo con avidez, "tender a". Es decir, encaminarse hacia el acto, proyectarse, lo que no significa simplemente "codiciar", como en el primer verbo. En el caso del deseo sexual hacia el cónyuge del prójimo, el pecado reside radicalmente en el acto de "encaminarse hacia el acto". De alguna forma el griego de Mateo –al referirse a este mandamiento–, mantiene el sentido de que el pecado se da al haber tomado ya, de forma interna, la decisión de encaminarse hacia la concreción del deseo pecaminoso. Todo lo que está antes de esa decisión es mera tentación.

Al comprender todo esto, podemos empezar a ver la vida cristiana como algo *naturalmente sobrenatural*. Cuerpo y Espíritu conviven en una sola persona. Y no es cierto que primero debamos morir *en* el cuerpo (a nuestra naturaleza pecaminosa), para después experimentar la vida nueva y la resurrección. Sino que es precisamente muriendo *al* cuerpo –no *en* el cuerpo– como podemos experimentar en nosotros la vida nueva del Espíritu.

Logramos entrar en ese estado de espera de aquella situación final, tomando parte en la vida del Resucitado, en la que ya no habrá ningún contraste entre nuestro cuerpo y el espíritu, porque uno de los dos polos – el del cuerpo– habrá desaparecido. Entonces el esquema vertical-horizontal habrá sido por fin roto para siempre y ya viviremos en una comunión total e ininterrumpida con Dios.

EPÍLOGO

Al reto imperativo: *¡Pasemos a la otra orilla!,* a la pregunta acuciante: *¿Por qué tienen miedo?,* a la urgencia de romper con el paradigma Sistema-Templo, a la capacidad de diálogo, a la ternura y a la búsqueda de aliados que nos impulsen a construir una vida de libertad, es necesario añadir un último elemento: la decisión.

El pueblo hebreo fue libre y su negligencia lo condujo al exilio y a la cautividad. El resto de la historia se encamina hacia la esperanza de una nueva liberación. Es ahí donde se enmarcan todas las palabras de Jesús. ¿Podremos ser libres de nuevo? ¿Y si perdemos esa libertad? ¿Podremos recuperarla? Sí. Podemos perder la libertad y podemos recuperarla. De hecho, el camino a la libertad es sinuoso y casi nunca discurre en línea recta.

- ✓ Para que existan iglesias que pasen a la otra orilla, se necesitan personas que remen dispuestas a alcanzar el otro margen del lago.

- ✓ Para que haya iglesias de puertas abiertas, necesitamos personas dispuestas a entregar su vida por la causa de la libertad.

- ✓ Para que haya iglesias que no regresen a la cautividad de Egipto, necesitamos personas decididas a seguir luchando por su propia libertad y por la libertad de los otros.

¿Qué hay de la libertad? ¿Qué hay de la verdadera libertad de vivir? ¿Qué hay de nuestra libertad? Y lo que es más importante en este instante, ¿qué hay de tu libertad?

Este libro se terminó de imprimir
en el mes de julio de 2019
en los talleres gráficos de
E Digital
Tel.: (506) 4000-2440
San José, Costa Rica

N° 26.091

164